就活とまどった君へ

鹿児島県立短期大学 元教授
朝日 吉太郎

はじめに　就活にとまどう君へ

①　就活サークル、就活塾でうまくいきますか？

みなさんは、ご覧になったことがあるだろうか？
テレビ番組で、就活塾に通う就職浪人の姿が映っている。
面接指導を受け、志望動機、自己アピールなどの発表練習をしている。
それはそれは、痛ーい、残念な内容で。

個人の感想だから、ごめんね。
でも、見ているこっちが、恥ずかしくなる。
そのうち、気の毒で見るのが辛くなる。
恋人や親御さんは君をどれだけ心配しているだろうか？

私は分かる。大変気の毒だが、君はまた失敗する。

なぜって、私が面接者ならその中身を百万回繰り返されても絶対採用しないから。

君は、落ちるべくして落ちた。

大変お気の毒としか言いようがない。

そして、また、落ちるための準備をしている。

その落ちた理由を理解せず、内容を修正せずに同じことを繰り返して受かるわけがないのに。


大学三年から就職活動のサークルに入って準備を始めたという君。

君の周りには君の就活を成功に導くアドバイスをできる人はいなかったんだね。

でも、人の所為《せい》にできるかなあ。


賃労働者（プロレタリアート）予備軍の君は、生きるために就活を止めるわけにいかない。

だから、がんばっている、……つもりになっている。

泣けるね。

私は、君を嗤《わら》いたいのでも、揶揄《やゆ》したいわけでもない。
私の言いたいことは一つだけ。
お節介かもしれないけど、本書を読んで立ち上がろう、と。

② 志望先を決めてないけど、どうしよう

立ち上がろうといっても、立ち上がり方が分からない君もいる。
自分が何になりたいのかが分からない君もその一人だ。

就活をなんとなく避けてきた君
就活をするしかないとは思うけど、
「自分が何をしたいのか？」
「自分は何に向いているのか？」
って、スタートラインに立てないまま、
悩んでいたりしないか？

なんとしても就職戦線に立たなければ、内定という勝利はない。
「そんなことは、分かっている」って思うだろうけど、
実はこの重い課題を正面から受け止められなくて
周囲を見ながら、孤独感や自己嫌悪におちいってはいないか？

就活は、労働力の売買をめぐる競争だから、
残念だけど、自分の思い通りにいかないことがあるってことは、
想像できるね。

就活は始めたものの、
第一志望に入れないことなんて、
かなりの高確率で受け止めなければならない。

実際に就活をして、滑り止めとかを考えなくてはならなくなるよね。
君は、あらゆる可能性の中から、一定の範囲の企業をえり好みをせずに、
言い換えると、
自分が、志望しているのか、していないかも分からない企業にも、
応募する必要が出てくる。

そうすると、
なぜ自分が自分にとっての上位の志望ランクの企業に受からなかった

のかも分からないままに、
不安をかかえて、なんとなくよりましな企業を志望しなければならない。

たぶん、第一志望や第二志望あたりまでは、志望動機を考えられたけど、
第N志望の企業辺りになると、イメージも雑なものだろう。
そのとき君は、おそらく実感として
「志望動機が書けない！」
場面に出くわす。
それも何度も。

志望動機が書けなければ内定はもらえない。
でも、内定をもらえるような志望動機がないので書けない。
どうすれば、いいんだろう。

うーん。
ますます凹むし、何をしたらいいか分からなくなる。

もしかしたら君は、就活に力が入らず、
頭をかかえて「中だるみ」してしまうかもしれない。

でも
そのまま凹んでいても、時間が経っていってしまう。
君の就活生としての「賞味期限」が迫ってくる。
「中だるみ」したらなおのこと、自分のことが嫌になるかもしれない。

たかが就活、されど就活。

私なら、こう言うね。

「ここがロドスだ。さあ飛んでみろ！」


ここが、異世界だと考えてみよう。

君は冒険者だ。

闘うためには、「武器」がいる。

この本は、いわば「村の道具屋」で、

モンスター退治のための「武器とその使い方と自分の鍛え方」を伝授する秘伝書を販売している。


君は、武器なしで闘えるスーパースキルを持っているか？

普通の人だと思うなら、秘伝書をお勧めする。

③ 君のハウツー本は頼りになる？

どうしたら就職できるのだろうか？

世には様々な就活のハウツー本があるね。

今さら、この秘伝書を読まなくたって、と、君は思うかもしれない。

思ってもらって結構だけど、この本を手放す前に、ちょっと考えてほしい。

君の知っているハウツー本は、読んだだけでうまく就職できることを、簡単に、保証していないだろうか？

確かに、数あるハウツー本の中には、優れたものもあるかもしれない。
しかし、ハウツーの内容が、面接場面での些細なやりとりの準備、志望動機やエントリーシートの文字の埋め方、うすっぺらな動機や自己紹介の書き方、そんな、ちょっと考えたら、だれでも答えられるような中身の本も多くないだろうか？

そんなつけ焼き刃を、多くが学んで面接会場に集まったところで、結局、少し背を伸ばしただけのドングリの背比べは、変わらないよね。

面接者は、ありきたりの回答ばかり、
安物のコピーばかりで
内心ウンザリしてたり、イラッとしてたりしているんじゃないかな。

そうなる理由なんだけど、
これらのハウツー本には、
君たちが、就活に挑むための本質的な課題について、
考察が欠けているからじゃないのかなって思う。

指南書としては、読んでますます不安になった、
その通りしても面接で手応えを感じなかったとか、
及第点を出せないものも多いのではないかな？

私は、四半世紀余り学生を指導しながらそんなことを考え、
ゼミ生に「門外不出」の秘伝を伝えてきたんだ。
教師生活が終わろうとする今、
この秘伝を多くの就活生に示すことが、私の課題だと思う。

④ 朝日ゼミ秘伝就職術の登場

その課題に応えるために著したのが、我がゼミの門外不出の秘伝の書です。
ただし、予めお断りしておきますが、我がゼミは公立短期大学の経済学・経営学系のゼミです。本書は、そこで毎年おこなわれてきた合宿形式の学習会（自由参加）での会話を

想定した内容（フィクション）です。

合宿先は、九州各地のバンガローやホテル、温泉施設や学内などいろいろで、バーベキューや地元の散策、温泉や朝までトランプなど盛りだくさんです。

この日常と離れた状況下で、就活や編入などの進路について本格的に考えることに向き合い、合理的な就職術でのものの見方、考え方を体験し、学んでいます。

一冊の本にすべてを圧縮するということは少し難しいので、その中の重要なエッセンスを集約するという内容になっています。

臨場感が伝わったらなあ、と思い、「私」と学生との対話形式で内容は進んでいきます。秘伝というと何やらチンプンカンプンな、という心配はいりません。

短期大学生の就活準備と四年制大学の就活、あるいは高卒就活には、若干、違いがあります。しかし、私は、ここで語っている内容が、四年制大学の学生にも、あるいは卒業後に就活を考えている高校生にも、新規学卒予定者でなく、就職の経験のない人や、いったん退職した後に再就職をしようとしている人、そんな人たちにも十分意味のある内容をお伝えできるのではないかと思います。

⑤ 学生と話してみて気がついたこと

これから君たちと一緒に、「秘伝就職術合宿」の内容に入っていこう。ゼミの学生達も、たぶん君たちと同じ気持ちで、合宿にきている。

ゼミの学生たちと、就活について話してみて気がついたことは、学生はおしなべて、就職活動を気にし、焦り、不安がっていて、就活に何が必要かについて考えたいと思っている。が、実は、考えていないということだった。

いや違う。
何をどう考えたらいいのかが考えられていないのだ。

みんなは、ゼミ秘伝就職術の名に惹かれてやって来る。
だが、中で何が語られるかを予想することもできていない。

何かの就職情報が手に入るかな？
志望動機の作り方、自己アピールの仕方が分かるかな？
ブラック企業の見分け方が分かるかな？
こんな感じ。

⑥ ノーミラクルな就職術　不思議なことは何もない

朝日ゼミ「秘伝就職術合宿」は、毎年、暮れも近づく十二月初めに開催される。

彼らの先生である私は自称「科学の徒」であって、怪力乱神を語らない人だから、どこどこの神社仏閣のお札をもらったり、
よく効くおまじないとか就活吉日などを教えてもらったり、

というのは期待できない、くらいの見当はつけているようだけど。

でも、やっぱり、大きな期待を持って集まってくれている。

ではでは、

（自分で言うのもヘンだけど）ゼミ合宿にお邪魔してみよう。

朝日ゼミのみなさん、こんにちは。

目次

第2部　就職行動編　就職に向けて行動しよう

第1部

志望動機と自己アピールはこう考えるとできあがる

1　ゼミ合宿の開始です！

(1)　皮がむける

私：それじゃあ、これから朝日ゼミの、必殺、ではなく、秘伝就職術の伝授のための合宿を始めます。みなさん、秘伝なので、部内秘です。内容がもれても犯罪にはなりませんが、みなさんの競争相手を強くすることになるってことは、覚悟して下さい。
まず、みなさんは、この短大の就職率がほぼ１００％であることは知ってますね。しかし、みなさんに知ってもらいたいことは、みなさんが入学当時のままであれば、内定はとれないということです。先輩たちは就活を通じて、一皮、二皮むけたので、採用されたのです。このような成長なしには、採用されることは困難だったでしょう。

内定をなかなかもらえない人がいます。
不採用に挫折して活動をストップさせてしまったら当然内定はもらえません。それに対して、就活しているのに何度も挫折を味わう人は、結局のところ、その一皮、二皮がむけていなかったからです。

学生：先生、その皮がむけるって、どういうことですか？

私　：一般に、切磋琢磨して自分の能力・魅力を高めるという意味です。昆虫や蛇などが脱皮して成長するという感じです。この場合は、もう少し具体的な内容があります。

一皮むけるとは、垢抜けすると同義として使われ、ファッションやお化粧、スタイルや姿勢、身のこなし、礼儀の動作などで見栄えがよくなるといった意味を持つこともあり、なるほど、それも努力の対象でもあるかも、ですが。でも、どうでもよいとは言わないまでも、ここでのメインテーマではありません。

学生：？？？

私　：皮がむけた状態とは、一言で言えば、就活に向けた個人になっているということです。

もっとストレートに言うと、企業が採用したい人間になっているということです。

みなさんには、これから、企業が採用したい人間になる方法、就職術を伝授するわけです。

（2）秘伝がないのが秘伝？

私　：早速、しらけさせてしまいますが、
　本当のことを言えば、企業の内定をもらう就活をするための特効薬や魔法の秘伝なんていう神秘的なものは、実在しません。
　したがって、神秘的な秘伝なるものが存在しないのだから、科学的に考え対処するというのが、秘伝だということです。

学生：先生、科学的に考えて対処するってどういう意味ですか？

……私は、先ほどの就活の残念例を話しながら、なぜ彼らが失敗し、また、失敗を繰り返すのかについて考えてもらう。

読者のみなさんも、考えてみて下さい。

２ 秘伝就職術・入門前編
就職先の探し方

（1）仕事って見つけにくいよね

私：みなさん。志望動機・自己アピールを突然作成しなければならなくなったら、大混乱ですよね。何時間も頭を悩ましても、いい内容が浮かばないどころか、いったい何を書いたらいいのか分からなくて頭がバースト状態だ、という人も多いんじゃないかな？

学生：ほんと、そうなんです。先生、よろしくお願いします。

私　：はい、お任せ下さい。朝日ゼミ秘伝就職術は、そのみなさんのとまどいや、悩みに答えることを目的にしています。内容をしっかり理解して、この悩ましい状況を打開してもらえたらと思います。本題に入る前に、プレゼントです。みなさんは、そもそも、志望動機などを考える以前に、就活につまずいてはいませんか？　何に？

そうです。自分はいったいどの職場で働くのか、働けるのかといった、就職活動の目的を選択するという入口でのつまずきです。

学生：そうなんです。自分の応募したい会社や団体がいったい何なのかがそもそも分からないし、どんな仕事ができるのかとか全然知らないし、何を調べたらいいのかまったく分かりません。

だから、一応、志望先の会社名などを考えてみてもイメージもないので、志望動機を書かなきゃって思っても、「やっぱ、無理だぁ」って思ってしまいます。

私　：そうだねえ。割とよくあることだし、そんな自分を責める必要はありません。朝日ゼミ就職合宿で学んだはずでも、後になって、「そこにつまずきました。」という学生は実は多いんだよ。

学生：えっ、やっぱり、そうですか。

私　：私もちょっと反省しました。実はこれまで、「就職術」はちゃんと学べば分かるはずだし、内容は、魔法や、呪術の修得といった特別なことでもないので、後は自分でできるだろう、と思っていました。でも、この職業選択という最初のつまずきに気がついて、ちょっとアドバイスが必要だということが分かってきました。

学生：そこ、聞きたいです。どうすれば自分に合った就職先を選べるのでしょうか？

私　：志望動機が書けないのには、理由があります。みなさんは、自分の職業や会社や業界について、何か選んでから、その知識が増えると思っているかもしれません。しかし、就職先を選べないのは逆説的に聞こえるかもしれませんが、就職先についての情報の不足からくるものです。

もっと簡単にいうと、業界、企業、地域、団体、職種といったことを「知らないから、選べない」のです。考えてみると実に当然な理由から生じている問題なんですね。この情報の不足という簡単なことが、みなさんの就活に深刻な影を落としているのです。

例えばネット通販で、時計を買うとします。

様々な製造会社と様々な仕様、デザインや価格も違っており、そのうえ、本当にたくさんの商品が紹介されています。

ただ、時計がほしい、と思っていたあなたは、何を買えばよいのか混乱するでしょう。そうして、あなたは迷宮に入っていってしまうのです。

学生：私は、決断が遅いほうなので、よけいに迷ってしまうと思います。
ネットショッピングならまだしも、就職だし……。

私　：そうですね。就職は単なるお買い物感覚と違いがあります。
自分の一生がかかっているかも、って思ったら、よけいに決断がにぶったり、客観的に考えられなくなったりします。

学生：はい。
それで、就職先を考えられないって、みんな、頭をかかえるんですけど。
で、実際に、就職先を考えるためには、何が必要なんですか？
情報不足は実感してますけど、何を知ればいいんでしょうか？
どうやったら情報をえることができるのかも分からない状況なんです。

(2) 情報収集は普段みんながやっていることをやるだけ

私：知ることができてない。これが最大の原因だといってよいと思います。
これは、学生諸君のリサーチ能力が低すぎるから、ではありません。
みなさんは、美味しいものを食べたい、旅行に行きたい、アイドルを知りたい、
ファッションを楽しみたいというときに、何をしますか？
自分は、すべてを瞑想する、なんて人はまずいないでしょう。

学生：私なら、ネットで調べてみます。
　　海外旅行の行き先、最新のファッションなんかも、ネットで調べます。

私　：そうです、情報を集めます。オリジナルなサイトだけでなく、関連する様々なサイトを訪問します。情報誌を読み、関連番組を観ます。そこでの情報を眺め、また、不特定多数の口コミや友人、知人の意見を知ろうとします。
　例えば、アイドル・ファンなら、アイドルの出身、生い立ち、趣味や食べ物の好き嫌い、ファッションの特徴、出演番組、コンサートの日時、ＤＶＤの発売日やそのバリアントなどを、普段から知っているでしょう。

Search
ケーキ お店
候補
ケーキ お店 おいしい
ケーキ お店 おしゃれ
ケーキ お店 安い

好きなアニメでは、そのアニメで使われているアイテムの架空の原寸大モデルとか、原作者、声優や監督、製作所、原作、シナリオ、音楽その他の情報を知り、また、関係者の人間関係や作品の背景を生み出す制作者たちの思想などにも興味をいだくかもしれませんね。

学生：フィギュアに凝っている友人なんかの知識の出所は、ファンのブログだったりしますね。

私　：それです！

みなさんは、自分が興味を持っていることには、人によって多少の違いはあれ、しっかりと、場合によっては貪欲に情報を集めていますし、情報を集める能力を持っているのです。

就職情報も情報の一つです。だから、心配しなくても、集め方については、もうみなさんは知っているということです。

（3）なぜ、就職について身近に考えられないのか

学生：それでも就職というと身近ではないし、考えるのは、すごく大変なんですけど。

私　：それは、もともと興味を持っていないからだね。

まず、日本の教育には、仕事についてのイメージを形成する機会がないのです。

そのため、日本の職業観の重大な欠点となっているのは、単線的な出世比較が目標となっていて、偏差値がその人の将来を決めるといったぼんやりとした人生の勝ち負け感をベースに、具体的な自分の未来のあり方、職業の選択、暮らし方などについて考える社会人となるための時間がぽっかりと欠落しているのです。

そして、その人生がうまくいくかどうかは、自己責任だというように思わされていますので、具体的に人生に何をしたかではなく、所得の高低とか偏差値の上下といった他人との比較で自分の人生の価値評価をするような、狭い人生観に追いやられているわけです。

学生：外国では、違うんですか？

私　‥この単線的な人生評価の価値観は、例えば、大学進学してエリート・サラリーマンになるという道だけが人生で、その成功度で人生を評価するということです。これが、例えばドイツでは、大学に進学してエリート・サラリーマンになることだけでなく、専門職を極めてマイスターになるという別の道があります。

人生について多面的な評価を持つ社会なんですね。

このような多面的な人生の存在を容認する社会では、自ずと自分自身の未来の選択が求められ、少年少女から青年になるにあたって、自己の自立、確立が促されることになります。

ドイツでは、州ごとに教育制度が違うので、ドイツの保守的な州では、今も一〇歳になると、大学へ行くかマイスターを目指すか、という進路選択を求められます。一〇歳の子どもにはちょっと早すぎという感じがしますが、自分の人生を自分で考える機会が青春期に当たり前のように存在するという点だけを見れば、悪いことではないと思います。

宮崎駿監督のアニメ映画に『耳を澄ませば』という作品があります。一九九五年の作品だから、このゼミのみんなは、知らないかもなあ。

（原作の柊あおいさんの作品とは設定とかが違っているらしいけど）
中学3年生の主人公が好きになる同学年の男の子は、『バイオリン職人』になる夢に向かって、歩き始めようとしています。

学生：男の子の職業意識がちょっと高すぎるような気がします。
私の一五歳は、進学、クラス、友達、サークルでいっぱいでした。

私　：そうだよね。
私も、映画を初めて観たときには、「一五歳で？」っていう印象だった。だけど、あとから考えました。
「一五歳で？」って考える私の感性の慣性の法則って何なんだろう、と。

学生：感性の慣性？

私　：だじゃれかどうかはさておいて、
「やっぱり僕も日本的価値観の中に首までつかっているのかなあ。」と。

やれるかどうか分からないけど、やりたいことを見つけるって、年齢の問題ではなくて、いくつであってもいいんじゃないかって。

で、言いたいことは、世の中を知って、好きなこと、やりたいことを見つけることって、とっても大切だし、楽しいし、努力のし甲斐があるということ。

そういう機会が少ない日本の学生の就職活動の大変さは、自分の未来について、本当の意味で職業生活や人生の未来に興味を持てるような育ち方をしていないところにあると思います。

この点での教育のあり方を変えて、人生を設計する個人を育てるというようにマインド・チェンジを考えることが重要です。

現実を分析・綜合し、リアルな判断ができるように人々を育てるということになりますから、「それは困る。人々は無知なほうがよい。」といった抵抗勢力もあるかもしれません。

自分の未来に興味の持てない人はもしかすると、そういう流れで固定的な考え方をしてしまうように刷り込まれて育てられたのかも、です。自分は何を考える人なのか、といった捉え返しは、青春期には必要なことがらです。

限られた知識と規範的な価値観にがんじがらめになっていないで、自分の人生を見つけるすてきな冒険をしてみましょう。

（4）自分の未来に興味を持つために

①アンテナを立てよう

学生：じゃあ、自分の人生を見つけるって、どういうことですか？

私　：したいこと、しなければならないこと、こういうことを明確に意識できる人なら、その目的に自分を近づけようと思います。

スポーツや文化活動、資格の取得など、脇目も振らずがんばったといった経験ありませんか？

マルクスも言っているけど、人間は、目的性と意識性を持って活動する生物です。これは進化の中でヒトが身につけた遺伝形質なんだね。

言い換えると、ヒトは目的性と意識性がなければ活動ができない生物であり、また、目的性や意識性を奪われて、命令にただ従うという環境におかれると苦しみ、反発します。

ショッピングは好きだけど、「お買い物をして来て。」と言われたら、そのとたん、買い物に行きたくなくなる。

小学校に入学したときには好きだった勉強が、親に「勉強しなさい。」と言われるようになってから、嫌いになった。

好きなことが嫌いになるのは、自分の目的を失って、他人の目的で行動しなければならなくなったからです。

学生：それ、分かります。

私　：就職というと、なんとなくこのような、よそよそしい感じがします。そうすると、本当は就職について膨大な情報が飛び交っているんだけど、そして、その情報をキャッチするには多くの（精神的な）アンテナを立てなければならないんだけど、そのアンテナを立てる気にならないのです。
そして、学生一人ひとりは、そんなにたくさんのアンテナを持っていない。でも、そのアンテナも簡単に答えが出そうな情報にしか向いていない。

この点では、自分の関心事に関するアンテナとスキルはたくさん持っていたとしても、よそよそしい感じがする出来事、調べることにエネルギーを要すること、特に、就職については、情報をキャッチしそれを十分利用するためのアンテナ数とスキルが足りないといえます。

つまり、自分に向かい合うことこそ、本当にしたいことをする近道だということを考えてもらいたいんだね。だから、本当にしたいことを探す旅、自分の働きがいを考える情報収集の旅が、君たちを育てて、チョイス可能な個性を育ててくれる。

そして、情報を集めること自体に興味がわいてきたり、情報をえることで自分作りがうまく進んだりすれば、楽しいし、また、自己陶冶、自己成長戦略的な立場に立って自分作りをしていくことの重要さが分かり、充実、達成感もえられるし、魅力のある自分も作り出せるだろうね。それは、就活のための自己成長というより、自己成長の派生的結果として、内定をゲットするという、就活の王道というべき道を選べたということになる。

② 仕事と適性は考え方が違う

学生：自分作りは大切でしょうけど、でも、実際卒業が近づいて、就活が目の前に迫ってくると、焦りますよ。特に、自分がどんな職業に合っているか、悩むんですよね。

私　：学生諸君の職業選択についての大きな間違いは、自分の適性にあった職業というものが働く前から分かるんじゃないか、と思い込んでいることかも。

学生：えー、でも適性って考えますよね？

私　：それは、そうだよね。
でもね、自分のこれまでの人生経験や知識で分かる範囲は限られているし、いろいろな仕事に就いてみて、結局これが天職かなんて思えるのには時間がかかるのが当たり前でしょ。

学生：まあそうですけど。

私　：だから、大学・短大の数年間で、すぐさま自分の適性に合う仕事が何かなんて、普通に考えても答えが出ない。それが普通の人だと認識して、たとえ自分が仕事選びで悩んでも、仕事選びできない自分がダメな人間だと思い込まないことが大切。学問でもそうだけど、完璧主義というのは行動しないひ弱な精神の表れだから、とにかく、何かの納得できる理由があって、ちょっと関心を持てそうな仕事を調べまくるという精神の姿勢が、まず大切。

学生：それは、結局は、受けてみたいところを受ければいいってことですか？

私　：概ね正解。応募してみたいところをよく調べた結果であればね。受けたくないところは、そもそも調べないだろうけどね。

学生：現実の日本では、ちょっと厳しそうな感じもしますね。

私　：そうだね。これまでの日本的な慣行の下では、最初の選別で人生の多くが決められてしまうところがあったから。でも、そういう慣行にぶつかって、それを変えることが、自己の成長を目的とすることができる職業生涯を実現しうる社会を作ることだし、人の作った社会だから人が変えることができなかった社会もない、ということを常識として知っておくのもいいかもね。

学生：自分の考え方についても、じっくりと考えてみます。

③ 自分の未来の仕事を（比較的）すばやく考える方法

私：じっくりと考えるのはお勧めだけど、そうは言われても、時間のない人たちもいるでしょう。たとえ短期でも自己をどう育てるかという課題を抜きに就活の改善はできないと思います。

それでも、内定ゲットのための職業選択を考えて、次のことをしてみよう。

例えば、五年後、一〇年後、自分自身がどんな仕事をしているか、そういうことを具体的に想像できればいいけど、想像すること自体、難しいよね。

でも、心配しなくても、それが普通だと思う。

じゃあ、大サービスで、職業選択をする上で、だれもが身につけられるスキルを伝授しよう。

学生：それです、それが欲しかった。

私　：ただし、これは自分の職業を探すためのスキルの身につけ方で、そのスキルをレベルアップしていけば、自分にさしあたり最適だと思える職業が分かるというもので、最適職業発見の万能薬ではないよ。

学生：えーと。でも、その方法でスキルを身につけると、自分に合った職業を見つけ出せるんですよね。

私　：このスキルは、模擬訓練で戦い方を知るという、ゲームなんかでよくある初期設定作りのようなものだけどね。

④ 職業探しのスキル獲得のための訓練

（ア）業界を調べてみる
自分が興味があるのはどの業界か、を決める。

次に、その業界の内容を調べる。

業界関連の本は売られているし、ネットでも探せる。

がんばって調べよう。このがんばりが、スキルを作るから。

（イ）企業を調べてみる
調べた業界の中から興味がわいたので、調べたいなと思う企業を、二、三ピックアップして、どういう企業か企業のデータを調べる。

興味がわく企業がなければ、別の業界を決めて、調べてみる。

ここでも、がんばろう。

（ウ）企業の部署、職種を調べてみる
企業内部の部署などで、興味を持てそうな部署、そこでの仕事内容などについて調べる。

ここでも、がんばろう。もうちょっとだ。

（エ）調べたことをまとめてみる。

（オ）調べ方が分かったと思えたら、または、気に入った企業や職業がなかったら、（ア）からの作業を繰り返す。

（カ）ごぉ――――る。

ひと通り、調べ方が分かったと思えたら、スキルが身についたってこと。

これで、エクササイズは終了。

学生：えっ、これでスキルが身についたんですか？

私　：このエクササイズの目的は、自分の職業選択のイメージ作りをするために、どんな作業が必要かということを知ることにある。もう、君は、志望する職業が何であれ、それを調べるスキルを手にいれた。つまり、エクササイズと同じようにすれば、自分がさしあたり好きになりそうな、やっていけそうな、職業を調べることができるという、体験に基づいた自信というか、安心感を持つことができただろう。

学生：そういうことなんですね。

私　：そう。自分の適性とかいっても、人間は一生変化の中にあるし、さらに職業上の満足がえられるかどうかなんて、かなり主観的なものだから、さしあたり、ここで働いてよいかな、という職を選ぶしかない。

でも、納得しないで働くのはつらいし、業界、企業、職種を知らないでそもそも志望動機作成すらおぼつかない。

だから、少なくても調べる労苦を厭わず、なおかつ、ちゃんと調べれば情報がゲットできるという経験に裏付けられたスキルがいるんだね。

⑤ スキル獲得後にすること

このエクササイズは不要だと思う人やスキルを獲得できたと思う人は、次の段階に進んでよい。

つまり、エクササイズでえられたスキルを基に、情報を集め、情報を基に、次のことをやってみる。

（ア）気になる企業を一つ、二つ、調べてみる。
（イ）調べた結果、自分がその仕事に就いて働きたいか、働けるかを考えてみる。
働きたい企業が見つかるまで、（ア）（イ）を繰り返す。
（ウ）情報を基に、その企業がどういう魅力があるか、特に、その産業の課題、地域や日本、未来社会にとって何が必要で、その何を担おうとしているかという物差し（評価基準）を作り、それを示しながら、評価する。

（ウ）は、後で、就職術として説明します。

秘伝術　入門前編　就職先の探し方のまとめ

● 職業の情報はどうしたら手に入るか？

● 普段みんながやっている情報集めとやることは同じ。

● 職業や自分の未来に興味がわかないのは理由がある。
みんないっしょだから、心配はいらない。

● 普段から意識していろいろアンテナを立て自分を育てよう。

● 仕事と適性は、悩んでも分からない。
完全主義に陥らず、さしあたり、で、考えよう。

● 自分の未来の仕事を（比較的）すばやく考える方法は？

仕事探しのスキル獲得のためにエクササイズをしよう。

いくつかの業種、企業、職業を選んで、何が分かるかを調べて、まとめてみるといった実体験こそが大事。

③　秘伝就職術・基礎編

では、その秘伝の基礎編に入ります。

（1）志望動機を考えてみる

私　：まず、自分の就職についての条件をイメージしてもらいます。
パソコンの資格、文書作成の資格、簿記関係の資格、英語やその他の外国語の資格、自動車免許や各種免許、職種、職務内容、職場所在地、給与、労働時間、社風、適性、ノルマ……

あ、だんだん、わけが分からなくなるかも。……大丈夫？

私　：例えば、君は？

学生：私はスーツ姿で、都心部のオフィスで、ネットを使ったデスクワークをしています。

だって、パソコン好きだし、資格もあります。

給与は〇〇円、ボーナス〇〇円、労働時間は〇〇時間以内、ブラック企業でないといいな。通勤に〇〇分（場合によっては転居してもいい）ぐらいかな。

週休は、２日は絶対！定時退社が最高。

できれば安定した職業がいいので、可能な限り大手企業。

大手だと給料もいいだろうしね。

社風も大事。研修などもしっかりしてると仕事しやすいかも。

ボランティアなんかあってもいいけど、あまり、拘束されるのは嫌。

それで、イケメンの…。あ、へへへ……。

私　：考えるのは自由だからね。
　それに、こういう気持ちもよく分かる。

（2）志望動機を書いてはみたが

私　：で、その希望に基づいて具体的な志望動機の例を書いてみましょう。

「私は、これまで、パソコンに親しみ、◯◯の検定では◯級の資格を取得しました。また、文書作成では◯級、簿記の検定では◯級など、オフィスワークに必要な能力を培ってきました。小学校から高校まで無欠席で、健康に自信があります。高校まで◯年間、◯道にいそしみました。性格は明るく、協調性があり、笑顔に自信があります。御社の一員として頑張りたいと思い、志望いたしました。」

　こんなもんかな？　で、この人、合格すると思う？

学生：（うーん、「いそしむ」なんて言い方が古いなあ。先生のカラオケの選曲といっしょで、古いんだよな。）

えーと、オフィスワーク狙いは分かるけど、それだけを計画してきたというこの人、人間が狭いような、きもいような……。で、不採用かなあ。

私：理由はまったく違うけど、この志望動機で就職先を選び、就活してえられる結果は、不採用だと思います。

みなさんも、そう判断しましたか？

なぜなら、残念な不採用君との重大な共通性があるからです。

私：その面接者にインタビューする場面を想像してみましょう。

私：あのー、すみません。面接についてお聞かせ願えますか。

面：私が面接者です。面接官という人がいますが、官とは役人の意味ですから、私企業にわざわざお役人が行って面接代行することはないのです。

私：はい、はい、ごもっともです。
「官」違いね。
で、あなた人事部で何年ですか。ああ、そうですか。
ところで、この就活生の採用はどうですか？

面：ムリ。
ごめんなさい、ムリ。
自己紹介はあるけど、どこでもいいみたい。
自分に仕事を合わせたいだけ。
つまり一言で「自己中」じゃん！

私：おお、予想通り、バッサリですねえ。

（3）教訓：自己中は採用してもらえない

私　：もちろん今日の市民社会で賃労働者となろうとしているみなさんは、農奴や奴隷の時代とは違って、自分の就職先を自分で自由に選択する権利を持っています。なので、自分に最も有利な労働条件を考えるのは悪いことではないし、むしろ、譲れない条件などをしっかり考えて、自分にあった職業を探すイメージはしっかり作るほうがよい。その過程で、職業人の卵が羽化するための訓練ができると思いますから。

しかし、よく考えてほしいのです。みなさんには職業選択の自由があるけど、就職先にも雇用者を選択する自由があることを。

学生：（ドキッ）

私　：今、はっとした人、いましたか？
はやく気がついてよかったですねえ。

私の
得技はー
キャリアアップ
ペラペラ
給料がー
ペラ
企業
うちじゃなくても
いいのでは？

そうです、きっとこの会社の人事部のスタッフはこう思っています。

「この人、別にうちの企業でなくてもいいじゃん。」

「うちでやる気なさそう。」と。

(4) 採用する立場で考えてみよう

私：それでは、視点を一八〇度、転換をしてみよう。

　みなさんが、社長や人事部長なら、どんな人を雇いたいと思いますか？

……我がゼミ生たちは、持ち時間一〇分程度で、このクイズの解答をできるだけ多く書き込み、時間が来たら発表する。


例えば、次のような解答が出てくる。
○真面目な人
○自分の意思がはっきり言える人
○他人との距離感覚が分かる人

○礼儀正しい人
○意欲がある人
○嘘をつかない人
○コミュ力のある人
○無断で欠勤しない人
○云々

たいてい、似たもののバリエーションを足すと、二〇とか三〇とかの解答が出る。

（本学は少人数教育のため、1ゼミあたりのゼミ生が少ない。1ゼミ8人ぐらいが平均かな。）

読者のみなさんは、この解答をどう思うだろうか。自分でも雇いたい人の条件を挙げてみてはどうだろうか。

……一応の、報告が終わった後に、私は言う。

私：みなさんの解答は全部正解。

みんなよく分かってるね。

でも、社長さんが本当に求めている唯一の基準とは何でしょうか？

学生：？？？？ザワザワ。

(5) 企業が求めるのは儲けさせてくれる人材だ

私：それは、雇われた人が、会社を儲けさせてくれることなんです。

「会社はボランティア組織ではない。」

これは、ブラック企業や説得力のない無能な上司が部下を従わすときの台詞。

だけど、これが本音の本音です。

資本主義企業の目的は利潤の最大化にあります。たとえ、地域のためだとか、人類の未来のためだとかいっても、それは、まあ、社会で生活するための枕詞みたいなもんだって皆分かっています。

だが、儲からなければ、企業は潰れるし、雇われ経営者は首が飛ぶ。

だから、仕事に関係のない目的で、美人や可愛い子ちゃん、イケメンを社長の鶴の一声で採用するといったアホな企業を除けば、企業は真面目に企業利益の向上を第一義として、人を採用するということです。

私　：ここまで、分かった？

学生：ふむふむ。

私　：そう？
それなら、もう就職術の最初の基礎は突破できた。

学生：えっ、何？　まだ、何も分かんないよー。

私　：そんなことないさ。
さっきも言ったように、君自身が、企業がほしがる人間であること、つまり、企業を儲けさせせることができる人間であることを証明すればいいってことだ。

学生：おおおお！そうか！
……？？？　でも、それって、どうやれば（涙）

私　：はいはい、泣かないで

（6）企業を儲けさせる人材であることを証明する手段

私　：まあ、二通りの手段があります。

学生：え、知りたい！！！

私　：その一は、自分がその企業でしっかり働くことができることを示すこと。

学生：……。

私　：その二は、自分がその企業にいることで従業員の人間関係が改善され、モチベーションがあがるので、企業活動に活気を出させることができる、ムードメーカーになれることを示すことです。

学生：……。

私　：ん、どうした？

学生：言われてみたらそうかと思うけど、なんか当たり前といえば、当たり前のことですね。

私　：そう。でも、この当たり前のことに気づかず、就活準備している就活生が多い。（読者に向かって）君も、そうなっていませんか？

学生：先生、だれに話しかけているんですか？だれもいないのに恐ーい。キモい。

私　：……はっ。いやいや、ちょっとトランス状態で独り言。

で、実は、人によるといえば人によるんだけど、いまさらムードメーカーになる個性を培うのは、とっても難しい。
こういう私でも無理。お手上げです。(涙)
せいぜい、誠実で礼儀正しいぐらいまでは準備できるかも、ってところですかね。
学生：そうですよね。今さら、愛嬌持てって言われてもなぁ。人格改造しようとしたら脳内でショートしそうだし。

(7)「しっかり働きます」で勝負する

私　：だから、狙い目は、私はしっかり働けますということをメッセージにすることなんです。
学生：消去法だとそうだけど……。なんか難しそう。
私　：先ほどの志望動機で不採用になる理由は、自己中だからと言ったよね。

学生：はい、確かに。

私　：自己中ってのは、自分の望む条件だけ言っているってことだけど、それって、その条件さえ揃えばどこでもいいんだ、という意思表示なんだな。

普通は、自分の望む諸条件を考えても、それだけではなく、自分が働きがいを持てそうな業界、企業、職種と絞っていって、自分の職業のビジョンを持つよね。

逆に、働きたい産業を考え、その中のある企業を選択していく過程で、その企業を志望する理由は、それなりに考えられる。その企業を成長させる社会的意義とか、自分の職務を通じた貢献とか、考えられる。

ところが自己中人間は、職種、企業、業界って逆さに考えていくから、その企業を志望する理由を考えることがない。だから、話すことができなくなる。

「自分を成長させたい。」とか、「自己のスキルアップを図りたい。」とか言うと、企業からは、「成長してから来てね。」とか、「スキルアップの後は、転職するってこと？」とか思われる。

この視野の狭さと、思考力のなさ、そして自己中。

百万回志望動機を聞かされても、この就活生が自分の企業の発展に貢献してくれるって考えるまともな経営者はいないんじゃないかな。

学生：そういうことですか。志望動機の作り方は、まず、業界から企業を絞り、その理由を明確にするっていう流れでないとだめだということですね？

私　：それで、最初からつまずくんだね。
　また、なぜ不合格になるか、分かりようがないから、低迷の就活が続くことになる。あーあ。

(8)「ドリームズ・カム・トゥルー」は嘘？

学生：先生、ちょっと聞いて下さい。
　今の話は少し分かった気がしますが、私は、そもそも何をしたいのかが分からないんです。あれもしたい、これもしたいとも思うし、何にもしたくないとも思うんです。

だから、しっかり働こうと思おうにも、なんだかなー。働き場所を考えられなくって。どこでもいいや、はまずいような気がしますが、どうやったら自分にあった職業や企業を考えられるのでしょうか？

私：今の質問、けっこう多くが頷いていたね。

そうなんだよ、自分の進路を決める、決まっちゃうというのは、人にとってはとっても大変な決定なんだよ。

心理学者のエーリッヒ・フロムは、人間は何らの規制もなくまったく自由に決断できる状況の中では、かえってだれかに決断してもらおうとする傾向、「自由からの逃走」をしようとする傾向があると指摘している。つまり、自己責任で自分の運命を決めてしまうことは、ものすごいストレスだってこと。

このストレスの克服の方法は、やっぱり決断を繰り返して慣れることしかないのかなあ、と思う。

その決断というものが具体的で、自分に納得がいく内容であるなら、決断についての恐怖は薄れるし、その決断ができれば、その決意によって、就活も目的的、意識的になる。
みんなは、この決断の手前にいて、まだ、これから決意を高めていく段階だから、具体性に乏しいいし、現実感も少ない。で、これから、どうするか、ということだけど。

学生：何をすれば、このもやもやを消せますか？

私　：その一は、まず自分が普通の人であることを認識する。
チートなスキルがあるわけでなく、一度にいくつもの課題を達成するといった特別なタレントも持ってないよね。認識したかい？

学生：はい。私は凡人です。

私　：平凡であるということと、普通の、一般の、という意味は少し言葉のニュアンスが違う気がするけど、まあ、当たり前の人というか、今は多数派の人と同じだということだね。

学生：はあ、まあ、そうですね。

私　：そういう人に理解してほしいことがある。

「ドリームズ・カム・トゥルー」は、君には単なる幻影を与える言葉で、「ドリーム・カムズ・トゥルー」という言葉は、もしかしたら達成できるかもしれない、現実性を持った言葉だということ。

君たちの頭の中には、軽々な「応援歌」が、たくさん記憶されている。その励ましたい気持ちは分からなくはないが、頭をお花畑にしても、就活だけでなく人生も成功しない。

幼い頃は、まだ、様々に発達して節くれ立ったりしていないから、みんな抽象的な可能性を持っていることが表に出て、「何にでもなれるよ」「いろいろな人になりたい」と、夢を語ることができた。これが「ドリームズ・カム・トゥルー」の世界だ。

ところが、大人になってくると、一つのスキルを身につけること、一つのライフワークを達成すること、それ自体がとんでもなく大変なことが分かってくる。
だから、せめて、「ドリーム・カムズ・トゥルー」が実現できるように、他のあらゆる可能性を捨てることが、大人の夢のあり方になるんだ。

急がなくてもいいけど、あんまりノンビリできない。
自分探しの旅をいつ終えるのか、決断する必要があるんだ。
自分探しの旅を終えて、一つの夢、一つの可能性を追求するという決断は苦しい。
決断のために、自分を納得させるデータを集めることも大変だ。
だが、それをして、大人になるんだ。

大人になることを選択しないというのも、一つの生き方だとは思うけど、
年齢とか体格とかではなく、
精神的に大人になることって、けっこうすてきじゃないかと思う。
自分はどういう大人になって、何をなすのか、考えてみよう。
そんな未来に関心と希望がわいたら、そこが君の職業の場になるかもしれない。

学生：ところで、先生は普通の人ですか？

私　：いたって。

学生：がやがや。

私　：自分がどんな職業に就くのかについて、どのように考え、探せばいいか。
　職探しの方法については、もう少し後からお話しします。

秘伝術　基礎編のまとめ

● 自己中じゃ採用してもらえないんだよ。

● 企業が求めるのは儲けさせてくれる人。

じゃあ、どういう人だと証明する？

① しっかり働く人。

② ムードメーカーで、職場のやる気を上げる人。

● でも、ムードメーカーになるのは難しいから、
しっかり働く人であることを証明できるようにする。
→中身はこの後。

● 職業を考えるにあたって
自分は何にでもなれる（ドリームズ・カム・トゥルー）、ではなくて、何かになる（ドリーム・カムズ・トゥルー）という、大人の決意が大切。

どの仕事に就くかを真剣に考え、絞り込む必要がある。

④ 秘伝就職術・初級編が始まるよ

私　：それが分かったら、次に秘伝就職術、初級編に入ろう。

学生：えっ、今の話の内容は、初級編でもなかったんですか？これから初級ってことは、まだまだ隠し球があるんですか？（目がうるうる）

（1）採りたい人は、頭のいい人

私　：「私、働きます」という証明メッセージを考える前に、当然の前提として知っておく必要があることを確認しておこう。
　まず、どこの企業でも採りたい人は、「頭のいい人」ってこと。

学生：ガーン。私の前に学歴社会が立ちはだかる。（涙）

私　：立ちはだかるのは君の努力不足なんじゃないかな。
　それに、これは、学歴の話じゃない。
　自分で頭を使って考えられるかどうかっていうこと。
　知識も大事だけど、それ以上に知恵があるかどうか。
　学歴があっても、記憶力に優れているだけ、これじゃあ仕事をまかせられない。
　で、知恵のあるところを示せば、鬼に金棒、二〇時四五分に葵の印籠！

学生：……

私　：あ、冷めないで。

学生：……。で、それから？

（2）目指すはオンリーワン

私　：この結論を理解するために、就活が労働力の販売をめぐる「企業間」、「就活生間」、「企業と就活生間」の競争であることを理解しよう。
　内定率5％の企業だと、二〇回に一回は内定もらえる、ってことではなく、一〇〇人受けたら、五位までに入らないと内定をとれないってことだ。

学生：そうか、そういえば、そうですね。……甘く考えてたかなあ。

私　：だから、ワンノブゼム one of them みんなと同じ、みんなの中の一人路線では、まったく目立たなくなるので不合格の確率はマックスになる。

学生：あっ！そうですね。

私　：そうだからこそ、オンリーワン only one 唯一の存在にならなければね。

学生：なるほどぉ。

私　：あ、ちょっとつけ加えるけど、どうせ自分は他人とは違う唯一の存在だから、このままの自分でいていいんだ、といった、どこかの歌に出てきそうな根拠のない励ましで、自己を正当化していい、と言っているのではないよ。

……

えっ、そう受け取った？

まだまだ、現実見てないなあ。

そういう人こそたくさんいるから、ワンノブゼムなんだがな。

そうではなく、自分を「希な人」に育て上げなければならないってこと。

また、オンリーワンとは「私の特技です」と口の中にげんこつを入れる私の友人のようになることでは、もちろんありません。（すまんH↑友人の名）

（3）しっかり働けるということを賢く証明する方法

私　：その方法として、最も簡単なのは、頭のよさを示すことだね。
それは例えば、ソロバンの暗算が得意だといったことを示すことでもありません。
だって、ソロバンの計算が速くても、しっかり働くという証明にならないよね。

学生：つまり、しっかり働けるということを賢く証明するってことなんですか？

私　：わー、頭いいねえ。よくできました。

学生：へへへ。
で、しっかり働けるということを賢く示すって、できるんですか？

私：うん。やり方には、何通りもの道があり、初歩から超高度なものまで。でも、企業にも学生にも個性があるからけっこうケースバイケースになるんだよ。

学生：では、初級編に加えて、中級、上級編というか、応用編というか、そんな世界があるっていうことですね。

① 企業メッセージの読解力を示す

私：そうだね。まあ、いっしょに考えてみよう。

まず、大切なのは、初級レベルの能力の見せ方。

ここでのスキルは、

「私は御社が出しているメッセージを読み解く力がありますよ。」

と、能力をチラ見せすること。

このこはよく
うちのこと理解している!
企業

学生：企業のメッセージの読解力ですか？

私　：今の世の中、自社のメッセージを出していない企業はほぼ存在しないと想定しよう。零細企業などでは考えられないこともないけど、社是やアニュアルレポート、年次方針、コンプライアンス方針など、君たちが応募しようと思う企業は概ね、企業パンフレット、公募用のパンフレット、企業ホームページ、ＣＭなどを通じて、企業メッセージを発信している。

学生：なるほど、そうかも。

私　：企業は可能ならば頭のいい人を採りたいから、自分たちが出したメッセージについて、就活生が何を理解できるのか、理解したことをどう発信できるかを見ようとする。

それは、履歴書やエントリーシートの志望動機、面接その他を通じて君たちをふるいにかける際の基本視点です。

もしもそんなことを理解できない人事課や重役から構成されている企業なら未来

がないので、内定不可などちゃんちゃらおかしく、むしろ自分で蹴ってしまえばよい。とは言え、ときどき、会社の代表のメッセージが「とんでも」というのもあって面食らうこともありますがね。

②メッセージの受け止め方と返し方

学生：で、企業の情報を受け止めるにはどうしたらいいんですか？

私　：えーと。まず、企業情報を集められるだけ集める。

私　：メッセージの重要単語をラインマークとか下線で目立たせる。

学生：たくさんになりそうですけど。

私　：全部でなくてもよいから。ちゃんと発信情報受け止めてきたわよ、って信じてもらえるようにするのが鍵。

学生：「受け止めてきたわー」ってどうアピールするんですか？念のため。

私　：志望動機の中にその単語を必要に応じて、散りばめるんだ。

学生：必要に応じてということは、自分の言いたいことをフォローするために、って感じですか？

私　：おー、冴えてるー。（おじさん、惚れてまうやろー。）

学生：まあ、この程度、普通よね。

私　：「企業メッセージのポイントを受け止めましたよー」のパフォーマンスはこれでいい。読解力があるということは、今後様々な指示を出したときに、素早く理解し、行動でき、いちいち説明しなくても動けること、話が伝わる人であることを証明できたことになる。

学生：あ、なるほど。いいこと聞いちゃった。
先生、でも、秘伝は、もちろんこれだけじゃないんでしょう？

秘伝術　初級編のまとめ

● 企業が採りたいのは頭のいい人。

● オンリーワンを証明する。
ワンノブゼムは目立たない。

● その方法として、
頭のよさを証明するのが最も簡単。
それは、
自分がしっかり働けることを賢く証明するということ。

● その方法とは？
企業・団体が出しているメッセージを読み解くこと。

● 具体的には？
① 企業の出しているメッセージを集める。
② 企業の出しているメッセージを分析する。
③ 重要な用語を抜き出す。
④ 志望動機に散りばめる。
これで君は、話が伝わる人であることを証明できた。

5

秘伝就職術・中級編

合格志望動機の方程式

私：ふふふ。わーはっははははは。

よーく聞いてくれました。

次の秘伝、就職術の中級のスキルを獲得するためには、次の方程式を理解する必要があります。

志望動機の方程式は、

じゃーん。

G＝H＋L

でーす。

「ごうかくは、ほめほめ、あんど、らぶらぶ」と読みます。（キリッ！）

はい、みなさん、ごいっしょに。3回繰り返しましょう！

学生：「ごうかくは、ほめほめ、あんど、らぶらぶ」、

「ぶつぶつぶつ」

（なめとんのかー、このおっさん！こらあ。）

私　：はい。ちょっと、あきれましたか？
では、方程式を説明します。

学生：はあ（ため息）

私　：まず、この方程式を生み出した背景は、先ほど言ったように、就活生の賢さを示すという意味があります。

学生：？．？「ほめほめ」と、「らぶらぶ」が？．？

（1）志望動機のアピール路線

私　：そうです。
志望動機には、「自己中不合格路線」を別とすれば、大きくいって、二通りの合格につながるアピール路線があります。

学生：へえ。

私　：一つを「実感お涙頂戴作戦」、もう一つを「大所高所作戦」といいます。

学生：はい、それで？

私　：あわてずにいきましょう。
　二通りの路線について説明する前に、みなさんが、どういう文章を書かなければならないかについて簡単に説明します。

学生：文章自体に質があるってことですか？

私　：そのとおり。これは最低限要求されます。注意が必要なんです。

（2）文章は相手の琴線に触れるものを心がけよ！

私　：志望動機に限らず、相手に与えるメッセージの文章には相手の琴線に触れる質を持たすことが大切です。

学生：ふんふん。

私　：では、具体的に、何が、企業や団体の面接者や人事担当者の琴線に触れる質を持った内容なのか。

これは、先に企業メッセージの読解力に関連して言ったこととダブるけれど、企業自身が出している企業メッセージの中に、企業が褒めてほしい、認めてほしい、と思っているその「企業の役割」や「存在意義」が含まれているから、まずは、これをしっかり読み解くことが大切です。

今、読み解くと言ったけれども、企業はそれを伝えたいのだから、隠しているわけではないので、心配はいらないよ。

さしあたり、経営主の会社理念とか創業主の創業理念、社是、アニュアルレポートやその他の企業刊行物、ホームページを含む発信データの中に示されている。

その中から、この企業は何を受け止めてもらいたいと考えこれらの情報を発信しているのかを調べて、考えることが大切です。

特に、あらゆる就活生にとって、これらに目を通す権利は平等だと考えると、メッセージを受け止めましただけでは、少し足りなくて、あなたが言ってほしいことってこういうことでしょう、と企業の核心部分に触れる内容をつかみ取ることが必要になります。

学生：けっこう難しそうですが…。

私　：簡単だとは言いません。読解する力、核心に触れる分析力などを修得するのには、時間もかかるでしょう。
でも、想像してみて。何十人、何百人もの志望動機やエントリーシートを読む人たちの気持ちを。

うすっぺらで、内容のない、似通った内容のものを延々読まされ続けて食傷気味になっている人たちを！
想像しただけで、「おぇっ」となりませんか？
内容のないレポートなんて大嫌いだあぁぁぁぁぁぁ！

学生：せ、先生、落ち着いて

私　：は、はあ、はあ、はあ。……。あ、失礼、何でしたっけ。

あ、そうそう、琴線に触れる、ということでした。
大きな感動を与えるっていうところまでいかなくても、相手に何らかの想像力を与え、みなさんの志望動機として書かれた主張にそれなりの根拠があると納得してもらうレベルでの説得力を持つということ。ひとまず、このレベルがボーダーとして目標になるでしょう。

ひとまず、と、言いましたが、もちろん、それだけでは十分とは言えません。できるなら、「ここまで調べてくれたのか」「ここまでわが企業を認めてくれるのか」

というレベルまでのデータの収集と掘り下げが必要です。

（3）実感お涙頂戴作戦

私：では、先に述べた二つの路線をより具体的に言います。

第一の、「実感お涙頂戴作戦」は、自分の体験に基づいて実感からその職に就きたいとアピールすることです。

例えば、「子供のころ店舗で困っていたら優しい店員さんに助けられ、ああいう人になって、困った人のお手伝いをしたいと思った。」と、実感をぶつけることです。体験の記憶が具体的であればあるほど、実感が共有でき、聞く人の琴線に触れる可能性が出てきます。したがって、有効な戦略だと言えます。

しかし、それだけでは、他のだれもが言えることです。頭のよさをつけ加えるとしたら、初めて施設を訪れる人が何で困るのか、どういう年齢階層やどういう顧客が多いため、どういう困り方が発生しやすいか、といった観察・考察を含めて、もちろん、企業のメッセージを織り込んで、「その企業こそ私の働く場だ！」と、その企業やその企業での業務についての思い入れ、やりがいを語れるようにするのです。
これが、「ほめほめ、あんど、らぶらぶ」の一つの姿です。

学生：あ、……。

私　：今の話、君の琴線に触れましたか？
これなら、できるかもって思いましたか？

でも、しかしです。
「実感お涙頂戴作戦」は、それでもなお、ワンノブゼムの色合いが濃いのです。
やわらかく実感が伝わるメリットはあります。人柄もアピールできます。
でも、他の人も言えちゃうという大きなリスクがあります。
集団面接で、似たような実感を言う他の就活生がいたら、どうしますか？

学生：そうか、そういう状況になると、かなりシビアですね。

（4）朝日ゼミ生は「大所高所作戦」で勝負する

私　：そうなんですよ。だから、私のゼミの伝統的な勝利のための戦略は、「大所高所作戦」です。

学生：それって、どういうことですか。まさか、面接で上から目線で応えるとか……。

私　：それ、本気で言ってはいませんよね？　面接でツンデレや女王様という選択はありません。あれば見てみたいですけど。

「大所高所作戦」では、

第一に、自分の時代観や地域観、もっと大きく言えば世界観に基づいて、応募した企業を評価するメジャー（物差し）を示し、

第二に、そのメジャーを基準にその企業のよさを評価してあげる。

第三に、その企業のよさに惚れていること、自分の志がここにあることを示します。

朝日ゼミ

高いレベルの物差しを設置できる能力を示し、その物差しでその企業を高く評価し、その企業のよさと働きたい気持ちを理性的に訴える。

これです。

学生：……。世界観、ですかあ。

なんだかなあ。

私　：ちょっと抽象的すぎたかな？

具体的な例をあげて、練習しましょう。

学生：ワーキングですね。これなら、分かりやすいかも。

私　：そうです。では、始めましょう。

あなたが、地方にある信用金庫などの中小企業金融に関連する企業に応募したとしましょう。

まず、中小企業金融は、金融業で、中小企業を対象に、お金の貸し借りをおこなう企業です。

この企業が出している、企業パンフレット、ホームページ、社是、創立の言葉、経営主のあいさつ、アニュアルレポートなどを集めて、重要な文や単語を見つけてラインマーカーで塗っていきます。

学生：はい。塗り終わりました。

私　：塗り終わったら、今度は、その中から、特に重要だと思う単語や、関連する文章をまとめてみます。

学生：はい。私は、コンプライアンスの確立、セキュリティ対策のための社内文化の改革っていう言葉が何度も出てきて、そうとう重視していると思いました。

私　：そうですね。それでは、コンプライアンスの確立とか、セキュリティの強化という会社方針を「ほめほめ」しましょう。

学生：そのような方針が徹底されれば、預金者が安心してお金をまかせられることがいいかな、って思いました。

私　：そうですね。いいところです。でもそれだけでは、物差しを示してほめるという「ほめほめ」の法則になっておらず、だから単純に「らぶらぶ」っていっても、説得力が弱いと思います。

安全性や信頼性というのは、金融機関ならどこでも追求しなければならない一義的な課題です。だから、それを言うだけでは、あなたがどういう立ち位置から評価しているかが見えないので、平凡に聞こえるのです。

学生：あ、それが、「大所高所作戦」になっていないってことですね。

私　：そのとおり。よく分かってきましたね。

学生：では、「大所高所」って、どうすれば？

私　：大風呂敷を広げるのなら、なんでもいいのですが、例えば、今日のネット社会の発達との関係で評価してみるというのも一つの手段です。

学生：あ、ネット金融といえば、ネット犯罪がニュースになっていますね。

私　：そうそう。ネット時代のネット犯罪と金融、なんか言えそうになってきました。で、例えば、

【志望動機1】

ＩｏＴが急速に発達し金融のネット化が進む現在は、同時にネット犯罪が進む時代でもあります。この不安な時代に、顧客の信頼に応えるために、他企業に先立ってセキュリティの厳格化、コンプライアンス確立などの企業努力を積み重ね、地域の中小企業に信頼され

る金融機関として活躍されている姿に、大変頼もしさを感じました。二〇一八年に出された、新たなセキュリティ対策とそれを実現させるための社内文化の改革の提起には、今更ながら御庫の誠実さがあふれていることを実感しました。私は、安心できる故郷の未来をともに創造するスタッフとして活躍したいと、御庫を志望しました。

なんて、どうでしょうか。

ＩｏＴ技術が発達する中で金融機関には今まで以上の信頼性の確保が求められるが、その点でこの企業はどうかという物差しが明確に示されています。そしてこの物差しから、この企業のセキュリティ対策についての意識の高さ、責任感、徹底した対応姿勢などが非常に高く評価できると褒めあげ、応募者はもう「らぶらぶ」だと言っています。

学生：なるほど、志望動機の完成まで直ぐに、っていうわけにいきませんが、なんとなく筋は分かってきた気がします。

私　：セキュリティの強化という点では、その他にも評価の物差しを作ることができますね。例えば、地域の高齢化が進む中で、資産運用も大事だけど、安定性で老後を支える意義とかね。

では、今度はあなた、どうですか。

学生：はい。私は、地域経済を支えるという姿勢、中小企業へのサービスの徹底といった他の金融機関との違いを主張しているところが気になりました。

私　：それも、よい視点ですね。しかし、ただ他の金融機関との違いを言うだけでは、やはり、大所高所からの「ほめほめ」にはなりません。どのように褒めたらよいでしょうか?

学生：この県の経済は、中小企業に担われているという話を聞いたことがあります。

私　：そうですね。県内には大手の企業は少ないし、多くは、子会社か中小企業が担っているといってよいでしょうね。そうすると、中小企業にとっての中小企業金融の意義は、県の経済の全体を支える重大な意義を持つことになります。

学生：あ、本当にそうですね。

私　：では、それを考えた例を作ってみましょう。

【志望動機2】

この県の地域経済を支えているのは中小の様々な企業です。だから、大手企業への金融を中心とする市中銀行ではなく、中小企業のための金融機関こそ、私の故郷を支える本当に必要な金融機関だと思います。御庫はその使命のために中小企業への低額融資、経営相談、業者に対する種々のセミナー開催、商店街の祭りの復活など、他の金融機関には見られぬユニークな取り組みで地域に活力をもたらす努力を続けられています。私は、御庫の発展に貢献することで、故郷の経済発展を支えたいと強く思い志望しました。

「私の故郷」という表現は、「らぶらぶ」を匂わせて。

【志望動機2】では、地域社会の経済構造とそれを支える中小企業金融の役割という物差しが示され、実際に中小企業を支援する種々の取り組みにそれが表れていることを高く評価し（ほめほめ）、自分の地域社会への思い入れで「らぶらぶ」を示しています。


どちらの志望動機も、内定ＯＫのボーダーを超えていると思いませんか？

なぜか？どちらも、普段から時代や地域のあり方、そこから生まれる課題、そういうことを考える、高い知性が感じられるからです。


社長や人事部長が、【志望動機2】を見たらもう泣いちゃいます。

あ、知己をえられたって感じ、分かりますか？

「ここまで、評価してくれるのか。迷わず、成仏できそう！、もとい、企業冥利につきる。」って感じです。大手市中銀行への競争心も刺激されてね。

後は、もう惚れ合ったもの同士の関係です。内定は決定事項です。

他の企業に絶対とられないぞ、って本気で思います。

だから、志望動機は、「ほめほめ、あんど、らぶらぶ」なのです。

あ、ハンカチないかな？涙が出てきた。

学生：はい、ティッシュ。

私　：ちーん。

いろいろな指南書やホームページに書かれているように「会社理念とか将来ビジョンに共感しました。」と言っただけなら、もちろん、バツです。なぜなら、どの理念になぜ共感したか、つまり企業のメッセージを受け止め、分析し、フィードバックできる頭のよさがまったく示されておらず、むしろ、大変うすっぺらで無教養で、どの企業でも同じことを言うよいい加減な者ですよというメッセージを返したことになるからです。

あなたが社長なら、そういう人を雇いたいですか？

学生：やっぱり、ドン引きしますね。

私　：公務員や準公務員的な団体などでの志望動機においても、同じことが言えます。概ね、このような職業に就きたいと思う人は、公共心が強かったり、社会性が高かったりの人が多いと思います。

そうすると気をつけなければいけないのは、やはりワンノブゼムにならないようにすることです。

職業との適性ということを意識すれば、自分の志望動機としては、社会性があることを訴えようと思ったり、公共心が強い自分をアピールしたかったりしますよね。

学生：それは、そうじゃないですか。たとえ安定と時間的余裕だというのが本音の人でも、模範的回答をしたいと思いますよ。

私　：そんなのが本音だというのなら、私は「やめたら。」と言いますけどね。納税者に申し訳ないから。

　さて、たてまえであっても、公共の福祉に貢献したいと思う人であるということを前提にお話ししていきましょう。

　公務員志望者が社会性や公共性の立場から、公務労働に就きたいというのは大切な基本的な方向性で、この心構えを変更する必要はまったくありません。

学生：はい。分かりました。

私　：大切なのは基本の姿勢は間違っていないのですから、伝える内容に問題があるということになります。

学生：例えば、地域に貢献したいとか、こういうことで地域を活性化したいとか、そういうのではダメなんでしょうか？

私　：方向性がダメなのではありません。
でも、よく考えてみて下さい。
その志望動機と同様のレベルの志望動機を言える人たちが競争相手になっているということを。

つまり、あなたの志望動機は、仮に、他の就職先を選ぶ人たちと比べて、多少社会性が高かろうとも、あなたの競争相手の中では、みんながそうしたレベルであるため、基本的にドングリの背比べのように目立たなくなってしまうのです。

例えば、
「私は、地域社会を見てエネルギーが足りないように感じてきた。それは若者が少ないからだ。若者が住みやすい地域社会を作ることで、若者のエネルギーに支えられた未来のある地域社会を作りたいと思い、公務員を志望した。」という志望動機を書いたとしましょう。

これには、どんな問題があるでしょうか？

学生：えー。問題ないんじゃないでしょうか？

私　：まだまだですねえ。今までの話、聞いてました？
　　　いくつも、問題があります。

学生：えっ、そんなに！

私　：第一に、このメッセージだと、地方のどの自治体でもあてはまると思いませんか？
　　　面接官に、「なぜうちで働きたいんですか？」と聞かれるような内容です。
　　　つまり、他の自治体ではなく、その自治体で働きたいという思いが伝わってこないのです。

学生：あ！

私　：繰り返して言えば、「どこの自治体でもいいじゃないの、それ。」っていう反応しかえられないような志望動機です。
これでは、就活生のその自治体への思い入れ、自分の働きがいへの思い入れなどが、まったく伝わりません。
結果として、この人は、自分が公務員になれればどこでもいいや、とアピールしてしまっていることになります。
どこからか、借りてきた言葉を並べたうすっぺらい公共心を晒しているということになります。

第二に、大変失礼ですが、頭が悪そうな、印象を与えそうです。

学生：がーん。えっ、どこがですか？？？

私　：そもそも、応募した自治体がどのような自治体で、どのような問題をかかえているか。自治体自体が、それに対してどのような努力をしているか（努力していないところもあるでしょうが）、自治体が自ら発信している情報を調べたり、読んだりした形跡が見られません。

企業は頭のいい人を採りたいと思っていると言いましたが、この人は、頭のいいところを何も見せていないのです。

学生：ええ、そう来ますか？

私　：第三に、「お涙頂戴作戦」も「大所高所作戦」もなく、相手の琴線に触れるような志望動機ではありません。

学生：と、いっても、まあ、そこそこの志望動機ではないんですか？

私　：いいえ。だから、ワンノブゼムなんです。こんなのは高校の低学年でも書けます。たぶん、高校生の兄弟がいたら、見せてみると、そういうこと言われると思います。「悪くはないけど、だれでも書けそう。」と。
でも、私の感想では、「悪い」「酷い」です。
最も問題なのは、自分が働きたいはずの地域について、ほとんど何も知らずに、一般的によいことだと思われている「理想」や「理念」を掲げれば、志望動機になると勘違いしてることです。

時間も頭も使わずに、公務員になって、どんな公務労働をするというのでしょうか？公務労働に対する真摯さが伝わってこないのです。本当にその地域を改善したければ、その地域をよく知り、分析し、問題点や課題を明らかにして、それに対する対策についても考えるのではないでしょうか。

知るヒントは、広報やメディアなどに様々な材料がありますし、学術書・学術論文では、詳細な検討がされていると思います。諸政党の地域政策のマニフェストを比較検討するとかもありです。ゼミの先生や、専門の先生に聞いてみるのもよいでしょう。そういうことをしない自分が、なぜ公務員になれると思っているのか？ここで自分を振り返ることが大切です。

だからこそ、その思いを伝えて、この人だったらしっかり貢献してくれるということが分かる志望動機にする必要があるのです。

で、志望動機ですが、例えば、

【志望動機3】

今日、地方は活気がなく、火が消えたようである。シャッター商店街が並び、離農も相次ぎ、若い世代は遠方の都市へと流失している。この状況では、特産品のブランドを作ればどうにかなるといった活性化案など絵に描いた餅である。そもそもの問題は、☆☆市が若者が生活でき未来を託せる町ではなかったということだ。しかし、今日、☆☆市は未来の町作りに向けて、営農支援、ユーターン、アイターンのための資金援助、地域作りを率先しておこなっている。私は、この取り組みを受け継ぎ、さらに、育児環境の充実、若者のための文化活動支援などを通じて、若者が集う町作りに力をつくしたい。

と、いった形で、志望動機の内容に市の情報を盛り込み、青年層のおかれた状況を地域のはかる物差しとして提示し、最後にはアイデアもあり、がんばる気があるぞって、こんな感じです。もちろん、郷土愛を感じさせる言葉や表現を追加することなどは、おまかせします。

文が長いと思ったら表現を変えると三行ぐらいは、すぐ短くなります。

学生：へえ。だいぶ変わりますねえ。
やっぱり、日頃から、問題意識を持たないといけませんね。
私　：もう一例ぐらい、考えてみましょうか。
最近人気があがっている、医療事務なんてどうでしょう？
学生：あっ、私、受けようかと思ってるんです。
私　：医療事務を受けた先輩たちとも話してみて、「どうして医療事務なの？」と聞くと、
割と多かったのが、受付を終えて帰る患者さんに、
「お大事に。」と言って、
「ありがとう。」と言われるのが好きだから、っていう理由でした。
学生：なんかその気持ち分かります。

私　：コミュニケーションの中に、自然と気遣いが含まれるっていうのが、いいのかな？
うーん。
それは、さておき。この受け答えを、志望動機には、しにくいかもしれないね。

学生：どちらかというと「お涙頂戴作戦」型ですかね？

私　：そうそう、だから、だれでも言えるところが問題。
現在の医療福祉の実態を知って、医療政策と医療現場のズレや、多くの問題の中で、地域医療を促進し、命と健康と暮らしを守るためには、そうした医師や看護士や栄養士、介護士とか医療についての技術者のみでは達成できない、総合的な医療活動の一端をどう担いたいかといった思いみたいなものを考えておくことが大切だね。

次の事例は、ちょっとそれとは異なるけど、これからの総合的な医療福祉活動に必要なスキルをアピールしつつ未来志向を印象づける志望動機の一例。具体的にはある語学が得意だった学生がモデル。

彼女は、自分の語学能力を活かした職に就きたいと思っていて、貿易業務はどうかな、って考えていた。

けれども、第二志望で、医療事務にアタックしたところ、一次試験は通ったが、でも、面接で何を語ろうかと、不安になってきた。

その時の就職術の答えは、グローバル化という物差しを示すことで、今後の医療活動の変化に自分の能力が必要になるというアピールだった。


【志望動機4】


人手不足の中、外国人労働力の利用が増加している今日、日本の労働市場は本格的に世界に門戸を開く必要に迫られています。このことは、多数の外国人労働者やその家族が地域に働き、生活するようになるということです。

当然、けがをしたり病気になったりしますが、その時に必要となるのが、語学力と異文化コミュニケーション力です。日本語ではなかなか通じない患者に寄り添い、より快適な医療環境を作ることが、新しい時代の医療のあり方だと思います。貴医療機関は、早くから外国語ホームページでの医療情報発信・医療相談など、移民や外国人に配慮した心配りをされてきました。私の語学力をここで役立て地域医療に貢献したいと思います。

どうでしょう。

医療問題自体は考えていませんが、次代の課題を担いたいと思う、ホスピタリティまで、感じさせる内容になっていませんか?

それでは、志望動機作成の基本は、ここまでです。

秘伝術　中級編　志望動機のまとめ

● 志望動機の方程式は、
G=H+L 「ごうかくは、ほめほめ、あんど、らぶらぶ」
志望先のよさを褒め、真剣に働きたい気持ちを伝える。

● 志望動機のアピールに二つの路線がある。
①「お涙頂戴作戦」
②「大所高所作戦」

①は、ワンノブゼムになりやすい。
朝日ゼミは「大所高所作戦」で勝負する。

●「大所高所作戦」とは
大きな風呂敷をひろげ、自分の価値評価の物差しを示した上で、その基準から志望先を評価し（ほめほめ)、真剣に働きたいという志（らぶらぶ）に強い説得力を持たせ､相手の琴線を揺さぶる。

頭のよさ、就業についての具体的な志が示され、その他の就活生を圧倒できる。

ありきたりの「ほめほめ」は、逆評価になる。

⑥ 秘伝就職術・中級編 自己アピールを考える

（1）完成方程式登場！

学生：志望動機が「ほめほめ」と「らぶらぶ」だということは分かってきました。志望動機と同じく、考えるのに苦労するのは、自己アピールです。こちらも秘伝があるのでしょうか？

私　：そのとおり。志望動機と合体させると、完成方程式は、

G＝（H＋L）＋U

学生：へっ。ゾワッ……ちょっと……。

私　：「ごうかくは、ほめほめ、あんど、らぶらぶ、あんど、うまうま」
　　　さあ、ごいっしょに！
学生：はあ（ため息）。
学生：「ほめほめ、らぶらぶ、うまうま、ほめほめ、らぶらぶ……」
学生：（あ、洗脳されちゃったかな、それともやけになってるかな。）
学生：「うまうま、うまうま……」
学生：先生、その「うまうま」って、「馬券を買って一山当てよう！」ってことで、チャレンジ精神をアピールする象徴ですかね。
私　：いいえ。ギャンブルは人を不幸にします。それを分かっていて人に勧めるのは犯罪です。

犯罪者が、検事を務めたり、社会の警鐘をならすはずの人だったりしますが……。こんな人が、闊歩しているのが、この国の不幸です。

学生：では、お馬さんと関係ないってことで。

私　：これまでのパターンで想像できませんか？「うまうま」ってのは、「美味しい、美味しい」のことです。

(2)「私は美味しいよ、食べるのなら私よ」

学生：つまり、自己アピールというのは美味しさを表現しろってこと？

私　：ますます、美味しそうになってきましたねえ。もちろんセクハラの意味はありませんが。

学生：……。

私　：あ、今イラッとしました？

　そうです。

「私は美味しいよ。食べるのなら私よ。」という意味です。

　みなさんは、おがくずをかぶったリンゴとワックスで磨かれたリンゴとがあったとき、どちらに手をだしますか？


そうです、見た目に美味しいほうですね。


と、いうことは、就活生にとっては、企業にとっていかに自分が美味しいか、を明確にアピールできるかという勝負なんですね。

　こーいうのをマーケティング論では「商品の

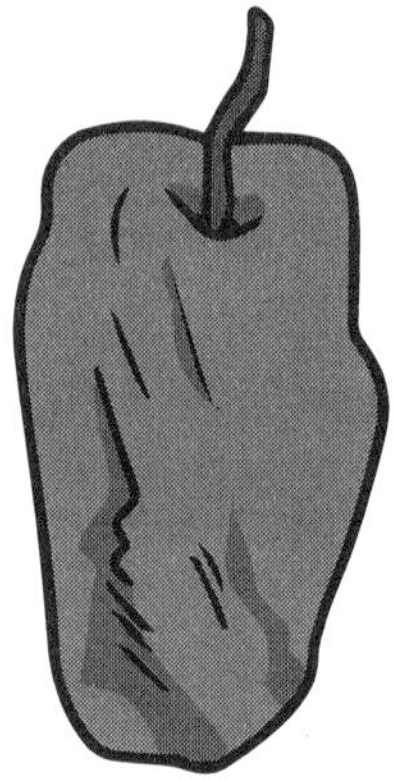

差別化」といいます。
習いましたね。

学生：先ほど、企業が求めるのは頭のよさだという話がありました。志望動機のときは、企業メッセージを読み取る力とか、大所高所で普段ものをしっかり考えているか、といったことが勝負ポイントという話でしたね。では、企業メッセージという材料もない、普段から自分の課題なんてあまり意識できない。どうやって美味しさをアピールするんでしょうか？

私　：いい質問です。
やっぱりあなたは、美味しいひとですね。

学生：え？？？私、美味しそうですか？（なんか、顔が赤い。）

私　：そもそも、自己アピールの難しさというのは、何をアピールするのかという点が分かりにくいことだと思います。

学生：そうなんです。

キャリアデザインという職業に関する授業では、自己アピールのための自己分析で、幼少からの自分を思い出したり、印象に残った過去の出来事を綴ったり。

それでも、何を書いたらよいのか分からないのです。

私　：それでは、ちなみに、あなたたちの自己アピールを書いて、報告してみて下さい。

①自己アピール実践例１　文化を売って「うまうま」

学生：私は将来大型小売店の販売部門で、販売スタッフとして働きたいんです。

人と話すのが好きで、自分でも笑顔がすてきだと思ってもらえると思っているんです。

私　：はいはい。あなたの笑顔がすてきかどうかは、主観の問題なんで。（本心を言えば、とてもチャーミングです）でも、あなたは、接客業の本質を理解していませんね。

笑顔だけでは、「うまうま」には見えません。

学生：先生とは趣味が違いますからね。

私　：そんなことではありません。自分の仕事の意味を分かっていないので、企業にとっては魅力がないと言っているのです。

学生：接客での販売って、みんな同じじゃないですか？

私　：そうではありません。接客しているあなたを想像してみましょう。イメージトレーニングです。

さあ、お客さんがきましたよ。

学生：いらっしゃいませ。どのようなお召し物をお探しでしょうか？

＊客：季節がら、春めいたものがいいんだけど。

学生：それでしたら、この春からのデザインで、ミラノから輸入しましたこちらのブラウスはいかがでしょうか。

＊客：あら、いい色ね。試着いいかしら。

学生：こちらをお使い下さい。

＊客：私、気に入ったわ。でも、ちょっと、襟元にアクセントがほしいわね。

学生：それでしたら、こちらの、スカーフはいかがでしょうか。同じくミラノの新作です。シルクの光沢がブラウスによく合います。

＊客：手触りがいいし、ブラウスとコントラストもいいわね。これいただくわ。

学生：はい、ありがとうございます。ただいま包装してまいりますので、しばらくお待ち下さい。

私　：はい、イメージトレーニング終わり。

学生：は、はい。でも、やっぱり接客販売としては、していることは同じでは？

私　：そう、同じ。

学生：先生、からかってます？

私　：違う、違う。自分の販売の流れをもう一度よく見てよ。君には、出来合のブラウスとスカーフを売ることができたという感想かもしれないけど、実は違う。

学生：どういうことですか？

私　：君の労働内容は確かに販売だけど、実は、その瞬間、瞬間に君がこれがよいと判断する文化を作り、それを通じて売っているの。シャツのデザイナーもスカーフのデザイナーもそれなりにコーディネートを考えたかもしれないけど、今、君は君の感覚で顧客とこの2点の商品との文化的ベストマッチを作り出すという芸術労働をしたの。だから、私は、販売を芸術として理解できる。そういう販売者として、私は美味しいと言えばいいわけ。誇り高くね。

学生：あ、……、私のサービスは、芸術……。

私　：そう、そういう具合に捉え返す力が大切なのです。

②自己アピール実践例2　自分の頭で考えられるという「うまうま」

学生：私は、何をアピールすればよいでしょうか？

私　：君は、中学校、高校とバレーボールしてたんだよね。

学生：ベスト4までいったんです。

私　：それはがんばりましたね。

　　で、今もバレーボール続けていてるの？

学生：今は、いくつかの大学といっしょにバレーボールサークル活動をしてます。

私　：それはよかった。

　　というのもね、自己アピールの欄に「自分は、高校までこんなにがんばりました。」とか書いてあっても、企業が知りたいのはその人が今現在何をしてるか、だと思うのよ。

　　小・中・高で皆勤賞もらっても、学生生活で生活崩れていたら意味ないもの。キャンパスライフでのアピールすべきことが特にない場合の、アクロバティックな自己アピールの書き方は後で教えるとして、とりあえず、今のサークルの話を聞こう。

学生：バレーボールサークルは、いくつもの大学、短大の学生でやっていて、週2日。高校のときと比べるとゆるい感じもします。でも、高校の時のバレーボールは先生やコーチの言うことを聞いてそれを忠実にできるか、というものでした。でも、今は、一つ一つの動作の意味や、チームの動き、チームワークのあり方など自分で考えて、自分のものにしていってるって感じがします。

私　：おっ、とっても大事な、それこそ本当に大事なことを言ってくれたね。

学生：えっ、何のことですか？

私　：一つは、短大生の脳で考えているということ。もう指導者の言いなりの高校生じゃなく、自分を持ったプレーヤーとして成長しました、っていう美味しさが主張できること。

第二は、もっともっと大切なこと。それは、捉え返す力を身につけたこと。

学生：捉え返す力ですか？

私　：そう。いいことも悪いことも、よく考え、考え抜いて、現在や自分の未来にとって、それはどういう意味があるのかを判断する力のことです。

君は、今のサークルでのバレーボールと、高校の時のバレーボールの違いを体験する中で、自立した大人のスポーツの意味と楽しさを知りました。それを続けることが自分にとってどういう意義があるかを理解し始めたんだね。

それで、自分の生活やこれからの人生でバレーボールをする意義、身体や動作、チームプレーについて、学生の脳を使って考えている。そういうことができる君を伝えられるね。

そのことを意識し、判断できるようになったこと、ものごとを捉え返す力を持ったこと、それが、自分の人生をより濃厚なものにしてくれそうだね。

（うー、伸びゆく青春だなあ、ちょっとうらやましいなあ。）

③自己アピール実践例3　今は何もしてないけれど　身につけてきたものを捉え返す

学生：私も、できました。

私　：えーっと。君は、小学校から高校3年まで書道を続けて、有段者になってますね。高校の頃は、書道部でコンクールでもよい成績を収めています。でも、短大では、サークル活動はしていませんね。

学生：そうなんです。短大ではいろいろと時間がなくて、でも、自宅ではときどき硯に向かっているんですよ。気持ちが落ち着くし。

私　：それです！

学生：えっ？えっ？

私　：それなんです！

学生：えっ？えっ？えっ？

学生：先生、時間の無駄です。

私　：えー。過去の諸活動でそこそこがんばりましたが、今はほとんど何もしていないと悩んでるあなたに朗報です。

学生：また、だれと話してるんですか？

私　：は、あっ、またトランス状態でしたか？……
では、秘伝アクロバティックな自己アピールです。

学生：つまり、何かのどんでん返しとか？

私　：どんでん返しではなくて、捉え返す力のバージョン２です。

君は、書道が得意です。でもそれを証明できるのは高校までの話です。

先ほど言ったように、私は、就活にあたって短大入学以前の体験を語るのは、ほぼ、無意味だと思っています。そうすると今を語るすべがなくなり、非常に困りますよね。

学生：じゃあ、どうしたらいいんでしょうか、自己アピールできないのかなあ。

私　：そんなことはありません。

例えば、

姿勢を正し、書に向かい、精神を鎮める。喧噪の中の静寂の時間が、自分を見つめる時間であり、緊張の中に癒やされる自分がいる。だから、ときどき、硯に向かっている。この精神が張り詰めた感覚はもう自分の人格の一部となっている。この先もずっと大切にしていきたいと思っている。

やっぱり、猛烈に美味しそうじゃないですか？

学生：そうすると、過去の体験を利用していろいろとアピールが作れそうですね。

私　：そのとおりですね。

④ 自己分析と自己アピールは違う

私　：それに加えて、自己分析と自己アピールとは違う、ということを意識しましょう。

学生：どういうことですか？

私　：自己分析とは自己を客観的に見つめ直そうとすることですが、自己アピールとは分析された自分の様々な特徴を、すべてポジティブに捉え直して、美味しさを強調することなんです。

学生：それって。私、「陰キャなんですけど。」って分析しても？

私　：そうそう、自分の分析結果をネガティブなものからポジティブなものに転換すれば、いいのです。

例えば、「私は周囲に流されず、独立独歩で行動できます。周囲に流されなくなったその理由は……、その後利益は……、だから、流されない自分をこれからも大切にしたいと思います。」と、捉え返して、ハイでき上がり。

学生：「自分がないなあ」「周囲に流されやすいなあ」「付和雷同かなあ」という場合は。

私　：「協調性があります。」「周囲に対する目配り、気配りができます。」

学生：えっ、それでいいの！？

⑤ ポジティブな捉え返し

私　：付和雷同を反省しているのなら、こういうのはどうでしょうか？
「自分は流されやすいかな、と思うこともありましたが、物事を是々非々で判断するように努力してきました。そのほうが友達に対しても、誠実な対応だと思うからです。」ってな具合。自己分析と反省。教訓とそこで獲得した捉え返し、反省の実践、これが勝負どころです。
面接なら、単なる「ポジティブ返し」ではなくて、ネガティブな自分を捉え、そこから自己を変革してきた姿を実感を込めて説明し、その教訓を語ることができると、さらに効果があるかもです。

学生：うーん、複眼思考、ポジティブ思考なんですね！

私　：物事は多様に解釈できます。「落ち着きがない」と「活発だ」は一つのメジャー

（物差し）を見るときの見方の問題です。みなさんも、一度自分の性格でダメだとか、イヤだと思うところを、ポジティブに評価してみてはどうでしょうか？

そこで、傷ついてきた自分を励ますことで、何かいいことが起こりそうな気がするんですけど。

学生：えーと。先生はケチで、じゃなくて、無駄遣いせず、計画的に消費する倹約家で……。

私　：私はケチではありませんよ。お金がないだけですから。

学生：先生の食いしん坊は、……好き嫌いがない、だけじゃ表現できませんが。

（3）キャンパス生活を目的的に生きて成長する

私　：えー、静粛に。ここから自己アピールの中級編の秘伝です。

自己アピールの論拠を具体化して実感を増すという手段として、資格や活動の成果・成績などを示してもよいですが、大切なのは、その活動を通じてえたものを今ではどのように考え、今後どのようにしたいか、つまり、捉え返す能力を示せばよいのです。

先ほどの例では、長年の習字を通じて、何をえたと思っているのか、現在の生活の中で書とは自分にとってどういう意味があるのか、それを将来どうしたいと思っているか、を示せばいいのです。

多くの人は、自己アピールは自分の人柄や人となりを相手に伝えることだと思っています。でも、たかだか数行の文章や限られた面談の時間で、伝えられることはたくさんなく、ああ、いい感じかも、くらいじゃないでしょうか?

これに対して、このゼミが目指すのは、捉え返す能力を示し、頭のよさ、大人度のほうをアピールして印象づけ、他の就活生に圧倒的に差をつける人物評価を獲得することなんです。

学生：そうすると、個々の特徴は出さなくていいのですか?

私：そうではありません。実感を伴う自己アピールには具体性が必要です。しかし、それだけでは、他の就活生と違いがありません。

キャンパス生活を目的的に生きて、勉学や部活、ボランティアなどで自分を形成している人たちには、それだけでは勝てません。

だから、本当は、学生生活は、目標を立て、目標を達成できる自分を作りながら、ときどきの成功とか失敗を総括し、教訓をえながら、目標を達成していくということができると、本当に充実するのです。バイトに流され、友人や恋人に流されながら、その日その日を一喜一憂して、それを振り返らず、また同じ日々を繰り返す……そこまで極端な人はいないでしょうが……ずいぶん違った結果が出てくると思いませんか？

学生：それって、入学前に志っていうか、そういうものを練り上げておく必要があるってことでしょうか？

写真
サークル

私　：そうですね。それができると学生生活最初から、自分に磨きをかけやすく、積み重ねができますよね。

でも、学生生活は、世界観や人生観を求めて、自分探しの時間でもあってよいのです。

今現在、すでに確定した目標はなくても、自分を探そうという目標を立てて、積極的にそれにかかわることができたら、早熟ではなくても、同じような結果がえられると思います。

学生：ああ、私もう遅いのかって心配しました。

私　：「もう遅い！」ということはありません。ほっとしましたか？

学生：はい。あー、よかった。

私　：ただし、いろいろな刺激をうけたときにスキルが伸びる速度が二倍、三倍といった、チート（ずるいよ、それ）な時期が、人生にもあるのです。

それは、実はみなさんの年齢にはダブるんですが、十五歳から二十歳ぐらいだと言われています。発達心理学で言う、敏感期です。

特に、社会的発達については、十五歳から十八歳ぐらいがピークです。

ところが日本の学生は受験戦争のおかげで、この社会的発達がスムーズにおこなわれないのです。したがって、学生になったみなさんの年齢では半ばチート期を逃しつつあるので、書物や教師、学生同士の対話を通じて、後追い的に、意識的に修得する必要が出てきます。

秘伝術 中級編 自己アピールのまとめ

● 完成方程式はこれ！

G=（H+L）+U

「ごうかくは、ほめほめ、あんど、らぶらぶ、あんど、うまうま」

● 企業にとって、「うまうま」な美味しい自分を見せる。

●「うまうま」の基本は、捉え返す力。

① 仕事の意義の捉え方

② 自分のサークル活動などの捉え方

③ 特技などの捉え方

教訓を導き出し、今後継続する意義を捉え返す。

頭脳の働きで、他を圧倒する。

● 自己分析はポジティブ評価で。

あらゆるものは二面性を持つ。

ポジティブに捉え返すか、

反省して改善につなげる姿を見せる。

● キャンパス生活を目的的に生きて成長する

7 秘伝就職術・上級編が始まるよ

私　：えへん。
　　では、いよいよ就職術上級編を始めます。

学生：おお！パチパチパチパチ。

私　：就職術のメインとなる志望動機と自己アピールについては、
「ごうかくは、ほめほめ、あんど、らぶらぶ、あんど、うまうま」であることに変わりありません。
　そうですよね。下位の階層の法則や形態が変化しても、実体としての本質は自己

を貫いて……。

学生：自分の世界に引きこもったかな！先生、異世界に行かないで下さい！

私　：あ、なんかだれかと話をしていたような。

えーっと。つまりね、この方程式は何があろうと、就職術の基本であることは変わりないんです。

学生：ええ、じゃあ、上級編ってないってことですか？

私　：いえ、とってもスペシャルなスキルとしての上級編就職術は存在します。

学生：じゃあ、ぜひ教えて下さい。

私　：では、条件付きで、お話しします。条件つきという意味は、ひと通り話した後で説明します。

上級編とは、志望動機と自己アピールの内容の軸を統一させることです。もしも「ほめほめ」「らぶらぶ」で見せるあなた自身と、自己アピールで示したあなた自身が、大きくかけ離れていたりすると、どうなりますか？

学生：例えば、厳格な検事職に就くべき人が人生は賭けごとだ、とか言っていたり？

学生：観光業の人が、ヘイト・サイトにはまっていたり？

学生：不信感が生まれます。

私　：みんなが言ったのは極端な例だけど、人物評価を見ると志望動機を達成する能力がないとか、この人の人間性なら別の職種の方がいいんじゃないだろうかと思う記載がされていると……

学生：さすがに、それは、調整しないとまずいですよね。

私　：そうだと思います。でもね、ここまでは、当たり前のことで秘伝ではないのです。

学生：じゃあ、いよいよ、これからですね。

（1）志望動機と自己アピールを統一する

私　：そうです。ゼミの秘伝の上級編とは、「志望動機と自己アピールの統一」によって、さらに美味しい自分を演出することなのです。

学生：それって、具体的には？

私　：例えば、空港のグランドスタッフと言われる搭乗受付などの現場で働く人たちがいますね。顧客サービスが業務です。多くの旅行者や送迎者にとって、空港は毎日来る場所ではなくて、どうしても不案内な場所です。そこにトラブルも発生しやすいのです。空港内での円滑な移動や円滑な施設の利用を支え、空港サービスに満足してもらうことが、その地の観光を支える、といっても大げさではありません。

学生：ふんふん。私の友達も挑戦するみたいです。
私　：一応、空港サービスを大所高所から捉える下地はこれでできましたね。
　次は、自己アピールです。
　いろいろなことが、考えられますが、例えば、外国の旅行者への対応という点で、語学力があるというのも大切な資質として自分を他の就活生と差別化する手段になります。しかし、語学教育を専門としない学部、学科の学生が、語学力以外で、それ以上の資質としてアピールできることがらがあります。
学生：それって、どんなスキルなんでしょうか？
私　：スキルといった生やさしく身につくものではないのですが、だれもが身につけられるものでもあります。
　それは、困った人を放っておけない思いの強さです。

これが、サービスの原点であると思うということを志望動機に織り交ぜ、さらに困った人のために一肌脱がずにはいられない、放ってはおけない性格であることを、過去の実体験で説得力をつけながら、アピールします。

学生：そんな手段が……あるもんなんですねえ。

私　：こうして、本人の志望動機に筋が通り、その志望動機に向けてがんばれる、達成できる自分をアピールできることになります。

G=（H+L）＋U

【志望動機　例】

私は、地元の観光を大いに発展させたいと思います。観光振興に大切なことは、地元へのアクセスのためのバリアをなくすことだと思います。観光客にとって移動のポイントになる空港は、普段利用しない場所であるだけ、不慣れで分かりにくいものです。私は、グランドスタッフとしてお客様の「困った」を発見して問題解決のお手伝いをし、お客様が笑顔で空港を利用し、旅の満足度を高め、何度もリピートしてもらえるように、サービス面から観光振興への貢献をしたいと思います。

【自己アピール　例】

私は、困った人を放っておけない性格です。この性格は、祖父から受け継がれたものです。祖父が、若い頃に災難に遭ったとき、見ず知らずの方に助けられ、その人間性に感動して、自分もそうでありたいと思った、と語っていた影響だと思います。よくお人好しとか、お節介と言われることもあります。私は、差し伸べた手を握ってもらえるか、手を振り払われるかは別として、そのような生き方が、祖父が育てた私らしさだと思い、お節介な私を顧客サービスに活かせるのではと思います。

どうでしょう。
この人なら、この仕事をおまかせしたい、と、思いませんか。
これが上級編でいう志望動機と自己アピールの統一です。

学生：おおお。なるほど。
これが統一ですか！
スカッと分かり易く、すごく好感度高いです。
こんなんとお付き合いしたいなあ。

（2）秘伝上級編の達成の条件

私：静粛に。……
ただし、この上級編を成し遂げるには、条件があります。

学生：しーん。

私　：学生自身、業界、企業、職種にはそれぞれの個性があります。

前にも言いましたね。

と、いうことは、志望動機と自己アピールとその有機的な統一は、その個性が作る多様な組み合わせが存在するために、ベストマッチのパターン化ということが、ほぼ、困難だということです。

学生：えー。そうなんですか？

私　：理論的にも経験的にもそうですね。

学生：……では、なぜ上級編が存在するのですか？

私　：いい質問ですね。あなたも「うまうま」度が上がってきました。

学生：茶化さないで、先をどうぞ。

私　：つまりベストマッチをするためのパターン化された、いわゆる「雛形」はないのですが、オーダーメイドで、そしてがんばれば、レア・アイテムのように完成することがあるのです。

学生：えっ、それって、ＲＰＧゲームだと鍛冶屋さんのスキル次第だったり……。

私　：そうです。私といっしょに志望動機、自己アピールをマンツーマンで作成することです。

勿論、私がみなさんを作るのではなく、各自優秀な鍛冶職人になってもらいます。

学生：じゃあ、私たちは、具体的には、何をすればよいのでしょうか？

（3）マンツーマン指導とは

私　：志望動機と自己アピールまたはエントリーシートとともに、その基になるデータを提出してもらいます。

志望動機のデータとは、企業のパンフレット、ホームページのコピー、コマーシャル、アニュアルレポート、新聞の関連記事などです。それをコピー、プリントアウトして提出してもらいます。応募する企業に合わせて、順次、提出してもらいます。

次に、データが集まったのを確認して、分析に入ります。


提出の期限は、書類提出の期限の2週間前までが望ましいです。

私も、資料、志望動機と自己アピール、またはエントリーシートに目を通す必要があります。

加えて、少なくとも提出までの期間に数回マンツーマンで話し合いながら、志望動機、自己アピール、エントリーシートを何度も修正しながら完成させていきます。

学生：えー。そんなに時間をかけるんですか？

私　：そうです、一回目の企業にエントリーする際には、特に。

まず、自分の一生に大きくかかわることがらを進めているという自覚が必要です。バイトや恋愛どころではないのです。

でも、この時間は無駄になりません。ここでのやりとりの記憶と、溶けそうになるまで使って活性化した脳が、面接での君たちの武器になります。

加えて言えば、このような体験が、今後のみなさんの思考を支えてくれる可能性があります。

学生：では、なんといっても挑戦ですね。

私　：支えますからね。
でも、基本は、自分の力で切り開くという覚悟が大事です。

学生：はーい。

私　：最も大切な、訴える内容を作り上げることは、以上です。

8 秘伝就職術・オウギ？　奥義？

学生：先生、もう一歩つっこんでもいいですか？

私　：いいよ。

学生：先輩に「合宿では、絶対にオウギを聞いとけ。」と言われたんですけど。

私　：……。

学生：オウギってなんですか？

私　：あの、風を起こす。

学生：それは、扇。……あ。やっぱり、なんか隠してますよね。

私　：えー。（「先輩」のおしゃべりっ！）

まあ、いいか。

一子相伝とかでもないし、

もともと、ゼミ生には秘密ではないし。

これは、普通、合宿では伝えていない秘伝の中の、上級編をも超えるスキルアップのための奥義のことなんだね。

話すと長いし、一度に詰め込むと、混乱するだけかもと、合宿での話は控えてきたんだけど。

でも、知ってしまったら、気になってしかたないよね。

学生：先生、私、もう、後戻りできません。

私　：あー。誤解を与える表現は控えましょうね。

学生：で、奥義って、一の太刀、とか？一撃必殺の技なんですか？

私　：うーん。
学問なら、科学的な方法論なんかはそういう性質もあるかもね。
就活では、もしかすると、心理学を多面的に駆使して面接者のハートを捉えると
いうことにまったく期待できないこともないだろうけど、ここで言いたいのはそう
いうことではありません。

相手と闘って必ず勝つ、というために最も必要なことは何かな？

学生：孫子ですかね。彼を知り己を知れば、百戦あやうからず。

私　：よく、知ってますね。
ここの奥義とは、似ていて、ちょっと違っているけど。
それはね、就活生の能力アップに限定した答えで、

勝つために必要な力を身につけるという、当たり前のことなんだ。
そのような体力や基礎力の上にスキルが花咲くわけだね。
つまり、志望動機を書けるための基礎体力をいかにして意識的に身につけるか、
というところが真の奥義のベーシック編になる。
例えば、地域では比較的人気がある地場産業に就職することを考えたとしよう。
ここで、朝日ゼミ生なら「大所高所作戦」を考えるわけだけど、この大所高所の
物差しを自分でどう作ることができるかが、奥義の内容となるんだ。

学生：えーっと。確か、世界観を磨け、というのが、中級編で出ていましたね。

私　：そうそう。
普段から社会に目を向けて、地域の課題、民族の課題、人類の課題などを考える
のが、「大所高所作戦」の神髄だよね。

学生：では、中級編と奥義では、何が違うんですか？

私　：根底的なところでは、何も変わりません。

学生：えーっ。また、またー。

私　：基礎体力が勝負という、普遍的課題は変わらないんだ。ただね、それを概ね志望しそうな領域に集中して基礎体力をつけていくという基礎体力作りの応用編が奥義なんだね。

学生：えー。それって、具体的にはどういうことですか？

私　：例えば、地元の主要な産業部門に就職して地元を支えたいといったぼんやりした志があったとしよう。

学生：私、そういう感じです。

私　：「大所高所作戦」のために必要なのが、その産業部門をよく知ることだ。

ということは、分かるよね。

学生：そりゃ、知っていなければ、判断の物差しなんてできませんからね。

私　：そのとおり。

で奥義になると、その産業部門についての科学的な分析をおこなうことでその地域の状況や課題を知ろうとするんだ。

だから、知識をえるといっても、当該企業の広報やメディア発信している情報をまあまあ集めてといったレベルを超えて、自分で意識的に集めた情報を基にして、その産業部門を科学的に分析し、その産業部門が何によって、どのように発展し、地域に何をもたらし、現在はどのような課題に直面しているかを、分析することがその内容になる。

学生：わー、なんか難しそうですね。

私　：簡単だとは言えないね。でもね、これをやると、単に大所高所の物差しが自分の中に作ることができるというだけでなくて、その産業部門の現状と課題の中で、自分が何をすべきか、という志がはっきりしてくる。

こうすると、自分の中にライフワークについてのコアが生まれてくる。

それに加えて、その産業部門内やその産業部門に関連するいろいろな企業・団体をどう評価すべきか、という、より普遍的な基準で企業・団体を見ることができるから、一挙にたくさんの企業についての物差しができ、志望動機の大量生産すら、可能になる。もちろん、個別企業ごとに志望動機は異なるので、コピペの話ではないよ。

学生：それにしても、大変そうですね。

私　：ローマは一日にして成らず、です。基礎体力もそう。

大体、学生は問題を設定し、それを解決する能力を身につけようとしている人のはずだし、自らの歩む道ぐらい、自分でリサーチしなければ、研究する人（スチューデント）の名が泣くよ。

加えて、御利益を言うと、そのような産業についての価値判断ができるようになると、それをとりまく世界情勢や政治・経済情勢の中で、何が必要なことなのかが見えてくる。

これが、働くことの意味を問い続けながら、生き甲斐を持って働くこと、非合理なこと、理不尽なことを跳ね返す基礎体力にもなる。

そういう大人になる近道なので、自分の進路にかかわる分析を意図的におこなうことは、是非、お勧め。

これは、就職術の関係で、奥義と言ってはいるけど、実は、学生一般に求められている力でもあるから、就職、就職って目の色変えていないで、広く自分を育てながら、進路を考えていく、くらいのイメージでいるほうがいいだろうね。

例えば、農協に行きたいと思ったら、戦後日本の農業問題を分析する。

地域の農業問題も分析する。

その分析結果は、農協にとって気に入るかどうかは分からないし、面接などでも深い話はできないかもしれない。

でも、深い問題意識に支えられた知識っていうのは、輝くんだよ。

その知識をどの程度まで晒すのかとかいう判断もできるようになると、奥義継承者になれるよね、きっと。

9 直ぐに履歴書？ どうする？ 秘伝就職術・裏技？

学生：先生、この合宿でのお話は、時間をかけて自分を成長させるのがカギと言う主旨ですし、基礎体力があれば、その分、楽になるのも分かります。
それはそうでしょうが、でも、就活の最中に突然に公募があり、直ぐに履歴書の提出が求められる事態になるといった場合はどうでしょう。

私　：それは、ここでの話の本筋とは違うので、あまり教えたくないなあ。

学生：えっ、何かあるんですか、裏技みたいなものが…。

私　：本当は、基礎体力に左右されるから、基礎体力をつけることが王道だということなんだけど、ないとは言えない、というのが嘘のつけない科学者として辛いところだなあ。
就活の王道について話をしているのに、就活の裏道みたいな話になるし。

あ、君たち、サンマをねらう猫さんたちのようになってないかい？

学生：いえ、そんな。

私　：あ、そこの君、ヨダレが出てる。

ここまで、話してきたんだから、もう、分かってるんじゃないかな？

機械的で擬制的な「大所高所作戦」。

ああ、やっぱり言いたくないわ。

（この本が売れたら、実践ワークブック出そうかと思ってた。）

学生：ちょこっとでも教えて下さい。

私　：「大所高所作戦」の醍醐味は、自分の持っている世界観についての発想力を見せ、それで企業を評価し、志のレベルで企業の入社希望（志望動機）を示して、働く人間であることを証明するという、頭のよさと本気度を示すアピールにあった。

学生：まとめると、そういうことですよね。

私　：これに対して、裏技は、それとは逆に、あらかじめ何種類かの志望動機の雛形を作っておいて、応募企業の情報を基にその企業に当てはめられる志望動機を作っちゃうという、ちょっと本気度がどうかしらと思う怪しげさはあるものの、結果としてはまともな志望動機を作り上げる方法なんだ。

だから、地域、時代、世界、人類いろいろな課題があるよね、その課題が基準になる。普段は、当該企業の関係することなんて考えてなくても、その企業は地域、時代、世界、人類とともにあり、何らかの課題を担わなければならない存在なんだ。

まともな企業なら、自分の企業が創設され、企業活動をどうしたいのかについて、その社会性についても意識的に発信している。

発信している中身をキャッチして、それから、つけ焼き刃でも、大所高所を作り出し、作文する。

自分自身をどう鍛えるかという本題からはだいぶ外れちゃうけれど、応急手当としてギリギリの対策だね。

なんか擬制的だとか怪しいなあと就活生本人が思っても、その大所高所を考えたのは自分だし、そのときはそう思ったということで通過してもらってかまわない。

入社することは、自分の労働力を売るのであって、自分の心を売るのではないから、どこどこの会社教に入信する必要はなく、ペルソナ（仮面）をかぶって門を通過すればよいのだから。

だから、即席風でも問題なし。

ヒントをいうと、中級編の【志望動機1】のやり方の延長で対応可能だと思う。

まあ、試してみて。

「訓練は名匠を作る。」ってドイツ人も言っているよ。

秘伝術　上級編のまとめ

- 上級編のまとめは G=（H+L）+U の
志望動機と自己アピールの一貫性のある統一です。

- ただし、
個人対企業によるバリエーションがあるため、
マニュアル化は困難。個別対応でやってきました。

- 就職術の奥義とは？
就活の王道（＝基礎体力をつける）を歩むということです。

学園生活の充実、教養の修得を含む自己成長こそ、
本当に採用したい個性を作り出します。

- でも時間がないときの「裏技」は？
基礎体力に左右されるが、それはその時勝負。
やっぱり、企業情報を分析、さしあたりの「大所高所」からの評価に挑戦する。
就職術中級編の応用で。

第2部

就職行動編

就職に向けて行動しよう

志望動機、
自己アピール以外に
大切なこと

私　：次は、就職術、行動編です。
こんどは、それを伝えるアクションについてのアドバイスです。

学生：面接でのジェスチャーとか、話し方とか？

私　：まったく関係ないことはありませんが、お話しするのは書類選考、企業面接以外でも、あなたが企業に自分のバイタリティと「らぶらぶ」と「うまうま」を見せる機会を利用しよう、ということです。

学生：ああ、そういう行動ってことですね。

1 企業にコンタクトしよう

私　：さて、みなさんは、もう潜在的にその企業に「らぶらぶ」になっています。
「らぶらぶ」なら、もっと相手を知りたいですよね。遠くから、眺めているだけでは、気がついてもらえない確率は高いです。ましてや、相手が「もてもて」の企業ならばね。

そこで、コンタクトです。もちろん、企業の周辺を徘徊するといったストーカー行為をするのではありません。

学生：えーと、どんなコンタクト方法があるのでしょうか？

（1）企業説明会にはすべて出る

私　：第一の機会は、企業説明会です。

学生：面倒だし、人も多くて、並んでいてもなかなか自分の番がこないとか、聞いてるんですけど。

私　：そうですね。リクルートスーツを着て、授業やバイトやデートなんかをお休みにして、どんな御利益があるか分からない場所に、わざわざ行くのか行かないのかを迷うのも分かります。

だけど、そもそも企業説明会とはどんな場なのか考えてみましょう。

学生：企業の募集を周知して、関心のある就活生に説明して、よく理解する場ではないんですか？

私　：半分ぐらいは、当たり。でも企業の立場から考えてみましょう。
まず、企業はいい人材がいないかを真剣に考えています。
企業説明会は、いわば、もてもての王子様が伴侶をめとるきっかけを作るために候補者を無料で招待してくれるパーティーのようなものです。集める側からは、ブースや壇上で説明するスタッフをわざわざ日常業務からはずしてでも、お金をかけてでもしなければならない、優先度の高いイベントなのです。

学生：そうか、なんか、企業宣伝の場だとか、お祭り会場の露店巡りみたいに、考えていました。それではいけないってことですね。

●●株式会社
企業説明会

私：出かけていかなければ、もちろん、シンデレラにはなれません。
最近はネットの発達と、新型コロナウィルスの影響で、企業の合同説明会が小規模化したり、開催が見送られたりしていますが、もし説明会が開催されて関心のある企業が参加していたら、あるいは関心のある産業の企業が参加していたら、そこに、大きなチャンスが転がっているかもしれません。普段から、アンテナを立てておくことが大切です。

私：企業説明会では就活生の少し年上の社員にプレゼンテーションをさせて企業理解を高め、プレゼンテーション能力を高め、質疑への対応力を鍛える。何が企業アピールとして魅力的かの意識調査をする。今年の就活生の状況や傾向を把握する。といったことが重要な課題として設定されているんではないか、と思います。
そして、もう一つ、実は企業説明会には、少し年上の同僚から見て、そのブースに集まった就活生が、実際、使えそうか、いっしょに働く部下として指導していきたいと思う人材か、人物か、っていうところを見定める機能が期待されています。

学生：えっ、それって、企業説明会が実質的な面接会場ってことですか？

私：そのとおり。

参加者の名簿ができるし、どんなレベルの質問をしたのか、どんな受け答えか、話した内容を理解できたか、服装や礼儀作法、言葉遣いや態度はどうかが、先輩の目を通じて企業に報告されるわけだね。

だから、企業説明会に行くのをサボるってことは、面接会場に行かずに、内定をもらおうとしているようなものだね。

何度も催される企業説明会に何度来たかなんかもデータとして残っている。

ある企業面接では、就活生に「あなたは企業説明会に一度も来てないですね。」と苦笑いしていたそうだよ。

また、同じ質問や同じレベルの質問をしていると、当然、残念な人とレッテルをはられる。

だから、毎回、データを読み尽くし、前回の説明会を踏まえて、２０や３０の質問を持っていき、説明や回答についてはきっちりメモをとり、分からないことは素直に伝えて説明してもらい、顔を覚えてもらって、礼儀正しく感謝して帰る。くらいは当然の前提になるね。

学生：なななああーんと。説明会、恐るべしーぃ。

（2）企業訪問の御利益

私　：次は、企業訪問。

学生：こっちのほうがもっと大変そう。

私　：電話かけから始まって、話を聞きたいことを伝え、出かけてご挨拶。お話聞いて、質問して、お礼を言って帰ってくる。卒業生の先輩がいるなら、公式の企業説明だけではなくて、社風、働いてみての感想、内定のポイントと内定までの努力の仕方、など美味しい話がたんと聞ける。

学生：それは、そうですね。

私　：それ以上に、訪問者の積極性や度胸、熱心さが評価される可能性が高い。
　　　実は、殴り込みで出かけていって、内定をとってきた猛者も一人ではない。
　　　行動力という「うまうま」は、みなさんが思う以上に、評価が高いようです。

学生：訪問するときの注意は？

私　：アポが取れたら説明会とほぼ同じ。
　　　事前に企業について調べておき、聞きたい質問を準備する。
　　　電話のかけ方、顔合わせ時や終了時の挨拶、マナーなどは当然見られている。
　　　相手も、いい人を採りたいし、聞かれたら応えたいという気持ちがある。
　　　そこを刺激しつつ、丁寧にお話を伺おうとするのが大切です。

　　　受け答えも大切、相手の言うことにメモをとりながらよく聞き、分からないところは質問し、後は、普通にキャッチボールをできること。素人が知識がないのは当たり前だから、悪びれず、「知りませんでした。教えて下さい。」「次回までに勉強してきます。」などで、乗り切ろう。

説明に、素直に反応し、中身をよく理解し、捉え返し、礼儀正しく対応できる、って、美味しいでしょ。そのアピールもできちゃう。

終了したら、礼状を送っておこう。

礼状には、忙しい最中に対応してもらえたお礼はもちろん、企業や業務の内容など、詳しく知ることができてよかったといった内容へのお礼、説明が親切だったといった対応へのお礼、その企業のことを知り、ますます働きたいと思った、とかの感想もいいかも。

手紙がいいけど、最低限お礼のメールは出さないとね。

さあ、すぐにでも電話しちゃおう。

② 面接や集団面接では？

学生：企業の面接や集団面接に対してはどんな秘伝がありますか？

私　：ないよ。

学生：えええええええっ。それが、一番、心配なのにいいいいい。

私　：面接や集団面接については、例えば、まず、目を伏せといて、目を開けると瞳孔が開き目がキラキラになるのでいい印象を与えるとか、視線、表情、姿勢、応答の仕方、その他、いろいろをアドバイスしている指南書があふれています。

でも、君たちは、もう就職術の基礎、初級編、中級編、上級編を知っており、秘伝にそって模擬面接、イメージトレーニングをするだけで、すでに他を圧していますす。だから、そんな枝葉末節を心配する必要があったら、「ほめほめ」や「らぶらぶ」「うまうま」の各要素の改善と、可能ならその統一について考え抜くほうがよい。

そして思考した回路が脳内に残っているから、ポイントだけ整理しておけば、棒読み丸暗記の連中に負けるはずがない。

学生：はあ、そうですかね？

私　：私とマンツーマンで練り上げ、練習しておけばね。

学生：それでも、なんか、いろいろなハウツーを知っているほうが有利で、差をつけられそうな。

私　：朝日ゼミ流就職術のイメージは大ナタやマサカリで、相手をぶち抜く武術のようなもの。

ちゃらちゃら細身の剣を見せびらかすような剣術とは違うんです。

学生：先生は、剣道素人でしょ。よく、そんな分かったようなことが言えますね。

私　：あくまでもイメージ、イメージ。でも近代剣術にも強い人はいるわなあ。

学生：それ以上、ボロを出さないほうがいいですからねっ。

（1）企業が求める外観は

私　：で、それでも、自分の見た目、外観が心配というなら、これも、自己改造をすればよい。

学生：何をするのですか？

私　：すぐ、そう焦る。そこが底の浅い答を生む。

学生：もう！

私　：まず、考えなければならないのは、そもそも企業が求める就活生の外観とは何か、ということ。

学生：えっ、リクルートスーツ、とか、髪の毛染めてないとか、化粧がケバくないとかですか？

私　：君たちは、真面目に儲けようとしている企業が、イケメンとか美女だとかで採用序列を決めていると思いますか？ スーツや時計のブランドで序列を決めると思いますか？
　もちろん、清潔感とか身だしなみとか、社会人として当然要求されることへの対応は当たり前だけど。

学生：そうは思いたくないですけど。でも、人間だから、依怙贔屓もあるかもなあ。そういう先生も人間だしなあ。いつも、「女性の味方」だって言ってるしなあ。

私　：単位とかでは差をつけたりしないぞ。見返りも要求しない。
　男女の権利の均等化にアファーマティブアクション（社会的弱者集団の状況改善のために、特別な配慮をおこなうこと。）を適切なやり方でって、日々考えているだけ。

学生：まあ、そういうことにしておきましょう。

私　：話を戻そうね。

確かに企業の一部には、人事部が最終候補者を絞り込んだのに、社長の鶴の一声で、社長の愛人候補が選ばれる、といった、とんでもない企業もある。
しかし、それは例外。やっぱり、企業目的は利益追求で、その社長はその企業にふさわしくないから、やめてもらうほうがいいだろうね。

学生：そうですよ、絶対。

私　：だから、企業が求める外観とは、企業を儲けさせてくれるだろうと思われる外観、ということになりますね。

学生：はあ、なるほど。

私　：だから、化粧に金をかけるなんて時間の無駄。高級時計も、高級スーツとか見栄えのためのグッズも無駄。もちろん、不潔、だらしないはNGだけどね。
でも、実際には、人事部あたりの君たちのお父さんより年配の役職者に気に入られる雰囲気、仕草、お化粧その他に、答えがあるように思う。

だから、リクルートのお化粧なんかは、お父さんやお母さんの世代が納得する、世間受けするようなものこそ無難なのかと思う。お父さんたちにも青春はあったし、理想とするアイドルだっていただろうし、自分の息子、娘にこうあってほしいという、好ましい外観というのもあると思う。親にファッションにいろいろ口を出されるのは嫌かもしれない。でも、それは、就活が済むまでかぶり続けるペルソナなんだと理解しよう。

親の口出しがどうしても嫌、っていう場合には、例えば、朝の連続テレビドラマのヒロインの化粧とか、女性アナウンサーがどんな外観かということを観察するのも、いいかもね。万人受け狙いって考えてキャラクタや外観を作っていそうですから。

結局、部下にはイケメン、美女が望ましい、ではなく、仕事ができる、仕事をまかせられる、チームを組めるといったビジネス基準で、人を選ぶと思う。特に、場面場面で社外とのコミュニケーションをまかされ会社の顔となる部下には、仕事の能力だけでなく、顧客や他社とのコミュニケーションを支える教養水準、人柄などが大切で、第一印象や、第二印象、第三印象と、そのときどきに、にじみ出る教養、人柄を大切に思うはずだ。就活の面接においても、にじみ出る教養から判断する、というのは合理的選択だと思えるね。

だから、外観向上作戦は、次の二つになる。

学生：えっ、二つでいいんですか？

私　：うん。

それは、にじみ出る教養や文化的水準、できる職業人のイメージに合った態度・物腰こそが求められる外観。要するに、第一に、仕事力、第二に、コミュ力を示す外観の向上作戦だ。

学生：おお……。そうなんだ。

でも、どうやればいいのかな？

（2）作戦その1　教養を身につける

私：君たちは二つのことを心がけるといい。

一つ目は、教養を身につけること。

教養っていうのは、にじみ出るので、たくさんの就活生や部下たちを見てきた企業の重役にとっては、透かして見えるってことを理解しておくことだ。

そして、やっかいなことに、教養は一朝一夕には獲得できない。

例えば、某有名大学の学生の家庭の平均収入は二〇〇〇万円を超えるだろう。この家庭では、親が英字新聞なんて当たり前に読んでいるだろう。子供にとってもそれは当たり前で、家の書庫を読み散らかしているかもしれない。そういうところの子弟との勝負が待っていて、そういう文化の香りを放っている就活生と、そういう香りに親和感を持つ面接者とが、交流している中に、君たちは入っていくことになるかもしれないって、想像してみよう。

無教養は、この文化の壁に弾き飛ばされる。文化は階層的に集約され、差別的な社会階層を作る文化的要因となるんだ。そういうことを示したのが、P・ブルデューの『ディスタンクシオン』（新評論）。

学生：ああ、それって、金持ちはワインとクラシック、貧乏人は焼酎と演歌とか、社会に文化的階層が作られるっていう、社会学の先生が説明してたことですか？

私　：あっ、偉い。偉い。よく授業を聞いていたようだね。

教養は、まあ「文化資本」と言い直してもいいけど、まるで自分では意識しないで発している体臭のように、自然とにじみ出てしまう。だから、教養で勝負するためには、できるだけ時間をかけて積み上げるしかない。つけ焼き刃の仮面もすぐ剥がれそうだし。

以前、ゼミで、「シンデレラが王子様と結婚しても幸せになれない可能性」を、話したね。シンデレラが生育過程で慣れ親しんだ文化と、王室・貴族文化とが摩擦を生じるので、シンデレラはつらい思いをする。王子様がシンデレラの人柄などに惚れ込んで、とにかく、周囲がなんて言ってもひたむきな愛を貫くって生き方をしなければ、この夫婦は残念な結果になる可能性がある。王子様が、シンデレラの擁護にかまけていたら、隣国が攻めてきたり、謀反や農民暴動、市民革命も起きる可能性があるから、王子様はとても人のいいスーパーマンであることが期待されるが、そんな王子様っているかね。この王国もシンデレラもお先が暗そうだね。

学生：あっ、また、横道にそれました。

私　：教養を身につける方法に話題を戻そう。

で、ちょっと背伸びした小説、映画、ドキュメンタリー、演劇、コンサートなどを見て、その内容を捉え返すことを日課にしよう。

小説は純文学でなくてもいいし、アニメでもいいよ。

そして、これらはなぜ創作されなければならなかったのか、作者の意図、作者の時代などを考えよう。

単なる娯楽にそこまでこだわって、何がうれしいのか、なんて思うかもしれない。

でも、人間は、考えたことしか表現できない。そして、人間の考えは、その人の存在によって規定されている。その人が育った環境や、その人をとりまく社会が、その人の考え方、行動、感性までに大きな影響を与えている。


その中にあって、新しいものを作り出すには、自分の考えの基になる既存のものの見方や考え方を批判しなければならない。

批判というのは、何かに文句をつけたり、非難したりして、人を貶めるネガティブな行為のことではない。

そうじゃなくてこう考えるほうが現実や道理に合っていると、既存のものの見方や考え方の誤りや一面性を超えようとする行為だから、とてもポジティブな行為でもあるんだ。

だから、すでに存在する芸術や哲学や諸科学やいろいろな考え方を単にまねしても仕方がない。作者が、どのようにそれらを一歩超えようと葛藤したのか、それを考えてみる。

その考える体験が、君たちの教養のコアとなり、さらに、現状についての批判的精神を生み、自分のオリジナルな人生観を構築していくことにつながる。

ものごとをありきたりに捉えていては、リンゴが落下して、月が落下しないのを見て、万有引力の法則なんて考えられない。すべての当たり前に疑問を持つことが、この訓練の入口だね。

学生：なんか、大きな話になりましたね。

私にもできるかな？

私　：できるかどうかの解釈ではなくて、状況を変えること、変えるためにどうするかを考えるのが大切だからね。まずは、やって見る。または、やれるために何をするのかを考える。

学生のみんなは、揚げ足をとるとか、屁理屈をいうとかで、日常生活の中で理屈っぽくなるのが大きな課題です。

親から、最近、ゼミで何を学ぶのか、理屈っぽくなってきてやりにくい、と思われるようになるのが学生時代の目標だなあ。

学生：えっ、親とか、友達とかに変なやつになったと思われないでしょうか？

私　：親や友達と口喧嘩しろというのではないよ。

親や友達との意見の違いを確認したり、論争することは、それはそれで自分を成長させる要因になる。

君たちは、君たちの親の世代が、何を成し遂げ、何に苦しみ、その中で君たちをどう育ててきて、今後どう生きようとしているのか、という、親の人生を手のひらの上に載せる必要がある。

これは、親のスネをどれだけ頼れるか、資産状況を知っておこうといった話ではない。

日本の親は、子どもたちに、自分の苦労を見せたがらない。

親たちが、困難な問題にぶつかりながら、場合によっては、その困難の原因を捉えきれず、誤った行動を通じて、自分の首をしめてしまっていることなんてたくさんあると思う。

だからこそ、君たちを育てた人たちを慈しむということは、彼等の認識を縛る「常識」や「当たり前」を知り、さらに、もう一度考え直してもらうことも必要なんだ。

友達との論争は、友達を鍛えて、自分も鍛えることになる。

クラスがいっしょで、ご近所さんで、というのは、少年・少女時代の友達。何かよく分からないけど、気が合う同士で友達でいようとすると、個性を出すのが怖くなる。

青年期から、大人にかけて作る友達は、ものの見方や考え方、生き方や志を理解し合って、それぞれの個性を尊重しながら、つき合う関係だと思う。自分がそういう友達になろうとし、友達をそういう友達にできたら、人生大きく変わると思いませんか?

だから、

「ちょっと、自分を背伸びさせようかなあ。」と、いろいろな考え方、感じ方、新しい科学の動向など、関心のあることから、広く情報を仕入れていこうと思う習慣が大切だね。

(3) 作戦その2　物腰・態度を改善する

私：二つ目は物腰・態度の改善だね。

作戦としては、君たちが考える理想的な、年齢の近い上司だったら、どういう態度で社内をスマートに泳いでいるか、を想像して、その想像と同じことを自分がするっていうイメージトレーニングとエクササイズをしてみることだね。

形から入って、内容を練ることで、練られた内容が形に現れるってことだ。

ちょっと難しそうだが、見よう見まねで、訓練すれば、体が覚える。それに期待する。

もちろん、体操や舞踊などのトレーニングもそれを支えてくれるだろうけど、そういう暇がなくても、廊下はどう歩く、階段はどう登る、ドアはどう開ける、こんなことを意識的に繰り返し、そして、可能ならば友達にいろいろ指摘してもらう。

しばらくすれば、背を伸ばし、胸をはって、すばやく、丁寧に、礼儀正しく、人目を引く君ができあがっているかもしれないね。

あっ、何?

ただのデブで、グズで、残念ファッションのおっさんが何を偉そうにって顔かな。

学生：そこまでは思っていません。

私　：じゃあ、どこまでなんだよ！

……とは言わない。

外観努力度低レベルなのは、そんなのは問われない職場だから、薄給に耐えて研究者やってきたんだし。

学生：あまり、自己弁護になってませんよ。それに先生を理想の上司なんてだれも思いませんから。

学生：そうそう。……

ところで、先生、以前、「研究者だと、趣味と実益が一致して。」とか言っていませんでしたっけ。

私　：あっ、もうすぐ、夕食だね。その前に温泉に入ってゆっくりしたいよね。先を急ぎましょうね。

(4)「地」は出ちゃうんだよ

私　：外観改善に関連して、次のことにも注意が必要です。

企業説明会や企業訪問などを繰り返していると、少し「慣れ」が出てくる。これが油断につながる。そして、知らず知らず、普段の自分が抑制されないまま顔を出す。気がつけば、周囲のことを考えず、タバコ、貧乏揺すり、大声での電話、チャットやゲーム、だらしない座り方、なくて七癖っていう仕草も出てくる。異性やマイノリティの蔑視など、発言に配慮を欠く可能性もあるね。

学生：圧迫面接とか、ハラスメント、プライバシーの侵害、思想差別、その他の社会的差別とか、面接者の側にもそんな人がいるとか聞いているんですが。

私　：学生は、まして、就活生だから、何を言っても我慢するだろうと、「面接してやっているだけでもありがたいと思え。」といったおごりや勘違いをする人がいるね。それは、その個人だけでなく、その個人を面接者に選んでしまう会社自体が残念な会社なんだろうね。

そういう会社はきっぱりと捨てる。または、面接内容を会社上部に知らせて、これが適切か意見回答を求め、再面接をするとかの方法もある。労働基準監督署に知らせてもよい。

不当な取り扱いは、法的手段に訴えることが可能だから、あまりにひどければ、賠償金も請求できる。泣き寝入りはしないでね。

そういうときに頼りになりそうな組織は、末尾に記載しておくからね。

学生：また、だれと話しているんですか？「末尾」って？？？

第二部　就活行動編のまとめ

● 企業説明会に出よう。
説明会は、就活生を観察する場でもある。
行かないのは面接なしで内定をとろうとするようなもの
周到な準備をしよう。

● 企業訪問しよう。
その意欲が買われる。企業は聞いてもらいたいと思っている。
後で丁寧な礼状（メール）を送ろう。

● 長期的な面接対策の王道は、教養を身につけること。

● 物腰、態度の改善には、
理想のワーカーのイメージトレーニングが有効。

● 物腰・態度・言葉遣いについては、
知らず知らず「地」が出ちゃうので、
学生時代に、自分をよく観察して、事前改善が必要。

まとめ

朝日ゼミ秘伝
就職術伝授は
おしまいです

私　‥以上の「ほめほめ、あんど、らぶらぶ」は、就職時に求められるポーズに対応した就活生のビヘイビアです。

　みなさんには、雇う側の気持ちを想像して、それにふさわしい人間に見えるペルソナ（仮面）をかぶり、賢さを売りにして、疑似恋愛関係になって、この関門を通過してはどうか、ということを提案しています。

　えー、以上で、朝日ゼミ、必殺、じゃない、秘伝就職術の伝授を終わります。


　上級編にさらに外観的統一を持たせていく奥義とか、文書を改良していく技術とか、まあ、考えればいっぱいスキルはありますが、本当に大事なのは、科学的に分析すること、捉え返す力をつけること、そして学生時代は、修行の期間でもあるということです。それが分かれば、あとは自分次第。いつでも支えるので、連絡下さい。

補足編　補足です

私：いくつかの補足をしておきたいと思います。

まず、これまで触れなかった職業経験者の就活について、次に、編入・進学希望者へのアドバイスです。

①職業経験者は？

私：新規学卒者とは異なり、職業経験者は、職業経験と自分のスキルを明確にすること、前職を退職した理由、新職場に何を求めるかなど、より自分の実績を説明する内容の志望動機が必要となります。

企業社会に入るという意味が色濃い日本と違い、海外で就職しようとする場合には、就職とは職に就くという意味で、ことこまかに自分の職歴、技能を書くのが普通のことです。

自分の職業経験、スキルについては、エビデンスが必要です。また、その他の人間的成長、職業観についての成長などについて、しっかり捉え返して「うまうま」度を高めて下さい。


日本の就活についての考えはまだまだ精神主義的です。

ある外国人留学生が日本で就職しようとする場合に、その企業に長年働く動機を聞かれて困った、という話があります。嘘でも御社で一生働きたいと言ってほしい企業の意図が分からず、結局は内定をもらえなかったようです。

その留学生は、自分の技能にふさわしい職を求めていたのであって、その職に就けるなら、ましてやブラッシュアップできるなら、仕事から仕事へ、企業から企業へと移動しながら技能や所得を拡大するのが当たり前と思っていたからです。

一方、企業の側は、自分の企業の独自の技術を長く働かない外国人に知られたくない、ずっと自社で勤め上げるような労働者がほしい、と、反りが合わないわけです。

職業についての文化的要素からのミスマッチですかね。

留学生就職活動の難しさの一つの要因ですね。

②　編入・進学希望者は？

(1)　基礎はやっぱり体力作り

学生：私、就職じゃなくて、編入希望なんですが、編入にも秘伝があるのでしょうか？

私　：編入・進学の際に、多くの編入・進学希望者が考えるのは、いかにしてペーパーテストの点を高めるために勉強するかということです。

経済や経営系の編入を考えるのであれば、王道的な勉強方法は、ベーシックな理論、歴史、政策の3つの領域をしっかり抑えて、なおかつ現在の社会的課題について普段から考察するということが望ましいでしょう。

私は、学生の希望に応じて、自主ゼミを開催してきました。

それは、基本的な科学を学べば、編入なんて自然にできるという姿勢ですから、やっぱり就職術と同じで、基礎体力作りが柱です。

それは、社会に対するものの見方、考え方を学んで、自分のコアとなる世界観・社会観を作ることを重視してきました。

学生：それで結果はどうでしたか？

私　：その基礎の上に、自分なりのエクササイズの方法を考えて、自主的に勉強できた人は、たいてい合格しています。

最後まで、受け身であった人の中には、残念な例もあります。

基礎はやっぱり体力作りです。

それが、結果として、編入合格者を生んできたと思います。

学生：じゃあ、先生との自主ゼミに参加したいと思います。
これで、準備は、ばっちりですかね？

私　：いやいや、二つのことを考える必要があります。

第一に、勉強は自分でするものです。自主ゼミやゼミや授業は単なるきっかけぐらいに考えておく必要があります。

自分流の勉強術を身につけることができると、進学してからの学生生活が違ってきます。

学生：先生の勉強術を教えて下さい。

私　：学問には王道はないとは、よく言われます。
　私は、単にがむしゃらにやるのではなく、科学の方法を身につけるとかなり合理的で効率的になり、先が少し明るくなるんじゃないかと思います。

学生：科学の方法ですか？

私　：そうです。特に、思考の方法についてです。そのうち、みなさんには紹介することになると思います。

(2) 志望動機・自己アピールを軽視しない

私　：第二は、ペーパーテストのみが合格条件でない場合に備える必要があるということです。

学生：えっ、どういうことですか？

私　：編入試験を受けるその際に、見逃しがちなのですが、決して油断してはならないのが、面接での進学の動機と自己アピールです。

学生：えっ、面接ですか、考えもしなかったなあ。

私　：そういう人も多いのです。
　大学への編入や大学院の入学に際して、大学や大学院によって違いがあるのですが、筆記テストと同じぐらい大きな配点がある場合があります。
　もしも大きな配点があれば、志望動機、自己アピールで大きな差をつけることができたら、合格が大きく近づくことになります。
　逆に、自己アピールで大きな差をつけられると、ペーパーテストでのがんばりが無になってしまう可能性もあります。

学生：そうなんですか。ああ、何の準備もしていません。

私　：大丈夫。朝日ゼミ秘伝就職術を応用すれば、どうにかなります。

それでは、進学に対しての志望動機・自己アピールへの対策は？

朝日ゼミ秘伝就職術ははたして役に立つのでしょうか？

(3) 就職術の利用

① 採る側の立場から考える

学生：まずは、何を考えたらよいのでしょうか？

私　：企業での就職活動をする場合と同じです。

まず、採る側、つまり大学、大学院の立場に立って考えてみましょう。

そもそも大学には設置基準があり、学生の定員数は決まっています。途中で退学する学生もいるから、編入制度は、単に穴埋めするためじゃないか、とも考えられますが、それなら、編入などの制度を設けず、もともと新入生を水増しして入学させたほうが、平均的偏差値は高くなりそうな気がします。

もちろん、定員の1割未満での増加の範囲でという文科省からの縛りがあって、入学者を制限せざるをえないということがありますが。

それでは、なぜ、編入制度が設けられているのでしょうか？

おそらくこういうことではないかと思います。

四年制大学は、単位取得の期間に余裕があります。四年ありますから。

それに安心した学生に、中だるみが生じます。

この中だるみに活を入れるのには、新しい血が必要だ！つまり、新たに学習意欲の強い学生を学外から募集することによって、「既存の学生たちをとりまく学についての意識環境を改善したい。」と。

要するに、大学当局の学生への第一の基準を一言で言うと、「勉強する人」ということになります。

学生：あっ、企業がほしい人が会社を儲けさせてくれる人というのと、よく似ていますね。

私　：そうです。

ペーパーテストがよくできるということは、勉強をがんばることができるのだから、その基準を満たすように見えます。

が、しかし、ちょっと自分の大学の学生を思い起こすと、ペーパーテストで高得点をとって入学してきた学生が、いまや中だるみです。そういう思いがあれば、ペーパーテストで知識中心の「学力」を計るだけでは不十分だと思えてきます。

それでは、実際に勉強する人を採ろうとするとどうすればよいのか。それは、編入後の勉強についてのビジョンが具体的で明確で、卒業後の進路まで見通したような、目標とそのための課題がしっかりしている人ほど期待できるということになります。

学生：そんな目線で、先生たちが学部学生について考えているとは、考えたことはありませんでした。

私　：そうですね。必ずしも自分の大学の学生はダメだとかは考えてないでしょうね。もう少し欲を言えば、というところでしょうか。
　つまり、合格のためには、「大学がほしい人」になることの重大さが分かると思います。したがって、志望動機・自己アピールの出来、不出来が生死を分けるといっても大げさではありません。

学生：ではどのようにして、しっかり学ぶ学生のペルソナをかぶればよいでしょうか？

②志望動機・自己アピールを具体化する

私　：他の受験生の中でワンノブゼムにならずに、大きな差をつけるには、どうしたらいいでしょうか。
　繰り返しになりますが、それは、しっかり学ぶ意欲があることを示すことです。

では、それは、どうやって示すことができるでしょうか？
しっかり学ぶ人を想像してみましょう。
概ね次のような人だと思います。
学ぶことが好き、考えることが好き、ここまでは、ありきたり。
大切なのは、何を学びたいかが具体的であることが大切です。

学生：そうか、何をしたいかが明確なのは、勉強したい証拠になりますね。
で、具体的って、どういうことでしょうか？

私　：つまり、
これまで履修してきたカリキュラム、授業やゼミの内容、卒業論文を通じて、所属短大や大学などで、何を学ぶことができたのか、研究することができたのか、そして、何を学ぶことができなかったのか、研究することができなかったのかが、総括できている。
その上で、編入後、当該大学で何を学ぼうとしているのかが明瞭であり、編入先での所属したいゼミや師事したい教員、担当教員の研究について調査している。

ここのところをよく練らないといけないということです。

学問の府としての矜持があれば、学歴をアクセサリーと考えるような人を、編入生として採用したいと思う大学はないでしょう。

だからこそ、学ぶ人を求めることになります。

③ペルソナのかぶり方

私　：面接相手は、プロの研究者です。いい加減な応答では、すぐに見透かされてしまいます。

だから、お勧めの第一は、教養を高めること、です。

第二は、早めに卒論を作成しながら、勉強を進めることです。

第三は、就職術をベースに、志望動機・自己アピールを作成し、教師、職員、学生の前で発表し、いろいろ意見をもらいながら、改善していくことです。

学生：第一の教養は、基礎体力をつけるということですね。第三も分かります。

第二の早めの卒論作成ってどういう意味があるのですか？

私　：早めの卒論作成とは、概ね編入試験は、みなさんの卒論提出期限より随分前に、多くは秋でしょうが、早いところでは、6月にあったりします。
この面接の際に、自分のこれまでの学習、研究を、概要でもいいですから、まとめて志望動機の内容として話をする必要が出てくるのです。

学生：あっ、なるほど。私はこういうことをしてきたけど、ここまでしかできてないし、今後こういう研究がしたいって言うためですね。

私　：そのとおりです。
いい加減な、その場限りの思いつきで話をしても、説得力がありません。もしも関連質問が出たときに答えることができなくなります。
それじゃあ、困りますよね。

学生：なるほど、早めでないとまずいわけですね。

私　：なお、受験態度とかマナーは、学問ができるかどうかには余り関係ないことです。

マナー習得に時間をかける暇があれば、系統的に勉強しましょう。

④大学院受験に向けて

私：大学院入試も概ね似かよっています。

ただし、将来、研究者になろうと思う学生は、何を対象に何を解明することが課題なのか、という点を具体的に考え、よく練っておく必要があります。調べたい、といっても、それを調べたら何が分かるか、その研究にはどんな意義があるか、といった点は、面接者にとっては、聞き所です。

回答する受験生には、蛸壺的な研究にならないようなベーシックな理論の修得とその後の研究の発展状況、自分の具体的専門研究の対象と課題の絞り込み、自分の研究課題の学問的位置や、科学的意義、社会的意義など、研究者に求められる「お作法」といえる研究スタートのための素養を身につけていく必要があります。

補足編のまとめ

● 職業経験者は、具体的経歴を詳細に。

● 編入・進学希望にも、就職術は利用できる。

①大学側の編入の意図は、
　学ぶ学生を加えたい、であることを理解する。
②勉強する学生であることを証明すればよい。
③ペーパーテストはがんばる。
④面接の本当の重要さを理解し、準備する。
　面接では、
　・自分の学びについての課題
　・その大学を受験した具体的理由
　・学んだことの将来の生かし方
　　を賢く語り、面接者の琴線を揺さぶる。

● 大学院受験について

①ベーシックな理論を修得しておく。
②研究者としての素養を身につけておく。
③面接で自分の研究の位置・意義・課題をしっかり伝え、
　研究者の卵としての展望と覚悟を語る。

③ その他のフォロー

働いてみたらブラック企業だったら？ハラスメント体質の上司がいたら？

私…実際に、働いていて、その企業や上司、先輩、同僚で尊敬に値する人に出会い、仕事に充実感、達成感を味わうことや成長感を味わうことができ、企業への帰属意識、「らぶらぶ」意識が強まる場合もあるでしょう。

一方、どんなによい理念を掲げる企業でも、資本主義企業である限り最高の目標は、企業利潤の最大化であることに変わりありません。仕事には熱心であるべきだと私は思いますし、熱心に取り組む価値のある仕事に出会えることはとても貴重なことだと思います。

しかし、そのような思いを利用して、みなさんを好きなだけ使い倒そう、使い潰そうと思う輩も数多くいるのです。だから、就職に際しては、自分が自分の一生を守ることができるかどうかも考えなくてはなりません。

駆け込み寺ではありませんが、信頼できるＮＰＯ団体、労働組合、弁護士団体などは、心の片隅にでもメモしておきましょう。必ず。

<table>
<tr><th>団体名</th><th>URL はネットで「労働相談」をクリック</th></tr>
<tr><td>労働相談</td><td>厚生労働省、労働基準監督局や、都道府県の労働局などでの相談があります。配置されている職員の数が限られていることもあり、対応する時間がかかります。</td></tr>
<tr><td>労働組合の地域組織</td><td>総合サポートユニオン
http://sougou-u.jp/
各地の労働組合地域組織。連合、全労連、全労協などのナショナルセンターから探せます。企業にフレンドリーな労働組合、非正規社員には不親切な組織もあります。事前によく調べましょう。</td></tr>
<tr><td>労働弁護団</td><td>日本労働弁護団
http://roudou-bengodan.org/
ブラック企業被害対策労働弁護団
http://black-taisaku-bengodan.jp/
地元弁護士会</td></tr>
<tr><td>ＮＰＯ法人</td><td>NPO 法人 POSSE
https://www.npoposse.jp/
NPO 法人ほっとプラス
http://www.hotplus.or.jp/</td></tr>
<tr><td>ブラック企業に関するサイト</td><td>ブラック企業対策プロジェクト
http://bktp.org/</td></tr>
<tr><td colspan="2">ここに示したサイトは、ほんの一部です。ブラックな企業社会を改善しようと日々努力されている姿には敬意を表します。
団体の HP の URL は、改めてご確認下さい。</td></tr>
</table>

後書き

文中でもお断りしましたが、本書は、毎年合宿形式でおこなわれてきた朝日ゼミ秘伝就職術のエッセンスを、広く就活対策で苦労されているみなさんにお伝えすることを意図したものです。

簡潔さとアピール度を考慮して、文中の多くは対話形式となっています。ただし、「私」と「学生」の対話はあくまでもその必要の範囲でのフィクションであるとご理解下さい。

また、就職状況の本当の改善は、本書で示された個人の力量アップという、個別的な努力だけでは、自ずと限界があります。なぜなら、先進資本主義国でもレアな、日本のブラックな企業体質は、労働運動や国民の政治的圧力で、企業社会の規制を強化するしか道はないと思うからです。

そして、この状況は社会のあり方を問うという形でしか解決しません。

連帯できる人は、「連帯しよう」を、すぐに連帯することが難しいなら、例えば、「投票所に行こう」のように、一人でできることからやってみよう。こうした積み重ねが、社会の力になり、この状況を突破します。

加えて、本書内で示した様々なものの見方や考え方、自分を伸ばす方法、例えば、普段から大所高所を考える習慣や、ちょっと背伸びする教養の意識的追求、物事の肯定的側面と否定的側面を捉える力、ものごとを捉え返す力などなどは、就活のスキルアップだけではなく、自分自身の成長を支える栄養剤のような効果があります。なにしろ「うまうま」な自分を人格から改革し作り上げていく就活スキルアップとは、究極的には自分を変えることですから。だから、秘伝は秘伝ではなく、意識的に、「当たり前に成長する」ことが成功の最大の補償なのです。

最後に、本書は、就活での他人との競争力を高めるという目先のチートスキルの修得という目的ではなくて、自分の人間性を発達させ、他人との寛容な関係や連帯が可能な個性を作り、企業社会に埋もれ、苦悩するブラックな未来ではなく、やがては、同じ思いを持つゼミ卒業生や読者のみなさんとともに、ホワイトな社会作りができる個人的素地を培うためのノウハウの獲得を願った秘伝書でもあります。

みなさんの就活、応援しています。

本著の作成にあたり、アシスタントの牧之内綾さん、イラストレーターの朝日はるなさんにご協力いただきました。ありがとうございました。

最後になりますが、出版のチャンスを与えていただき、商業出版についてまったく素人の私に、丁寧なご指導をいただいた、日本橋出版株式会社の大島拓哉さんに心から感謝を申し上げげます。

二〇二一年九月　朝日吉太郎

参考文献

ピエール・ブルデュー『ディスタンクシオン（Ⅰ、Ⅱ）』新評論、１９８９年
エーリッヒ・フロム『自由からの逃走』東京創元社、１９５２年
今野晴貴『ブラック企業　日本を食いつぶす妖怪』文春新書、２０１２年
竹信三恵子『これを知らずに働けますか』ちくまプリマー新書、２０１７年

著者

朝日吉太郎（あさひ きちたろう）

１９５５年生まれ。滋賀大学経済学部、大阪市立大学大学院経済学研究科を経て鹿児島県立短期大学教員。専門は日独労資関係の比較分析。２０２１年退職。ヨーロッパ研究会代表（１９９５年～）。

現在、社会科学研究室ソシラボ代表。

社会科学セミナー教室、ヨーロッパの社会文化・ドイツ語教室、就活支援『名山塾』を開催し、社会を見る目、日本を知る視野、進路を決める基礎体力の育成を支援。本書に関係する就活支援『名山塾』は、就活・進学に悩む学生向けに各種教室を開催中。

編著書に『欧州グローバル化の新ステージ』（２０１５年）、『グローバル化とドイツ経済・社会システムの新展開』（２００３年）などがある。

社会科学研究室ソシラボ：https://soscilabo.com
本書読者用メールアドレス readers@soscilabo.com。

「朝日のあたるブログ部屋」を更新中。

就活にとまどう君へ

2021年10月5日　第1刷発行

著　者　　朝日吉太郎
発行者　　日本橋出版
〒103-0023　東京都中央区日本橋本町2-3-15
共同ビル新本町5階
電話：03-6273-2638
URL：https://nihonbashi-pub.co.jp/
発売元　　星雲社（共同出版社・流通責任出版社）
〒112-0005　東京都文京区水道1-3-30
電話：03-3868-3275

ISBN978-4-434-28988-0　C0037
定価はカバーに表示してあります。
落丁・乱丁本はお手数ですが小社までお送りください。
送料小社負担にてお取替えさせていただきます。